ENTS

CONT

参考文献／『図解　古事記・日本書紀』（西東社）、『地図と写真から見える！　古事記・日本書紀』（西東社）、

『史上最強カラー図解　古事記・日本書紀のすべてがわかる本』（ナツメ社）

ニッポンのルーツが
わかります

日本書紀を知りたい

日本書紀を楽しく読むための

三ヶ条

一、

好き嫌いに関わらず、日本を知るなら日本書紀を読むべし

日本の社会や仕組みは『日本書紀』が正しいという大前提で成り立っている。ゆえに、日本が日本たる理由、日本人が日本人たる理由は『日本書紀』にあり。

二、

事実かどうかは気にしない

事実かどうかを気にするよりも、『日本書紀』が日本社会の礎になっているという真実に目を向けよう。真実は事実よりも尊いのだ。

三、

神名、人名は一度読んだら忘れよう

登場する神名、人名は数知れないが、二度以上出てくる名は一割以下。それらを懸命に覚える必要はなし。重要な名は繰り返し出てくるので、自然と覚えられる。

profile

監修：竹田恒泰

たけだ・つねやす。作家、慶應義塾大学講師。旧皇族竹田家に生まれ、明治天皇の玄孫にあたる。慶應義塾大学法学部法律学科卒業後、憲法学や史学の研究に従事。現在は、全国各地で日本神話や国史、憲法などをテーマにした講演を行うほか、各種メディアで活躍する

そもそも日本書紀って何ですか？

竹田恒泰さんに聞きました

私が日本書紀の編纂を命じました

天武天皇

7世紀後半に在位した第40代天皇。第34代天皇である舒明天皇の第3皇子。出家して吉野に隠棲していたが、第38代天皇の天智天皇の崩後、壬申の乱で勝利をおさめて即位した。八色姓や律令を制定したほか、日本最古の文書となる『古事記』と日本最古の正史となる『日本書紀』の編纂を命じた。天武天皇の治世は、日本社会の基盤となる時代となった。

外国人向けの日本の歴史書です

〝記紀〟と併せてよばれることもある『古事記』と『日本書紀』。書名を知っているひとは多いでしょうが、読んだことがあるひとは少ないでしょう。両書とも7世紀後半に天武天皇の命によって編纂がはじめられ、奈良時代に入って完成した歴史書です。

どちらも天皇の命で国が編纂した歴史書という点は同じですが、その体裁は異なります。表意文字である漢語では表現できない日本語の音に表音文字として漢字をあてる借字（万葉仮名）を使い、日本人の心情を文学的に表現した物語になっている『古事記』と、完全な漢語を使い、当時の中国の正史と同じ編纂方法で歴史を淡々と描いている『日本書紀』。『古事記』では天皇家の歴史について詳しくふれる一方、『日本書紀』では中国の思想を織り交ぜるなど、その性格も異なります。

このことから、『古事記』は国内向けに日本人が読むものとして書かれたもので、『日本書紀』は広く海外に向けて外国人が読むものとして書かれたものと考えられます。当時、中国や唐など外国との交流がすでにさかんだった日本では、外交に通用する正史をもつ必要がありました。そこで、東アジアでの共通言語だった漢語を使って、国の公式の記録として編纂した歴史書が『日本書紀』だったのでしょう。

異なる目的に合わせて編纂されているため、現代の私たちが両書を読み解く方法も異なります。文学的要素の強い『古事記』は神話について読み解く場合、史学的要素の強い『日本書紀』は歴史について読み解く場合に用います。たとえば初代天皇である神武天皇にまつわる神話を読み解くなら『古事記』、神武天皇について読み解くなら『日本

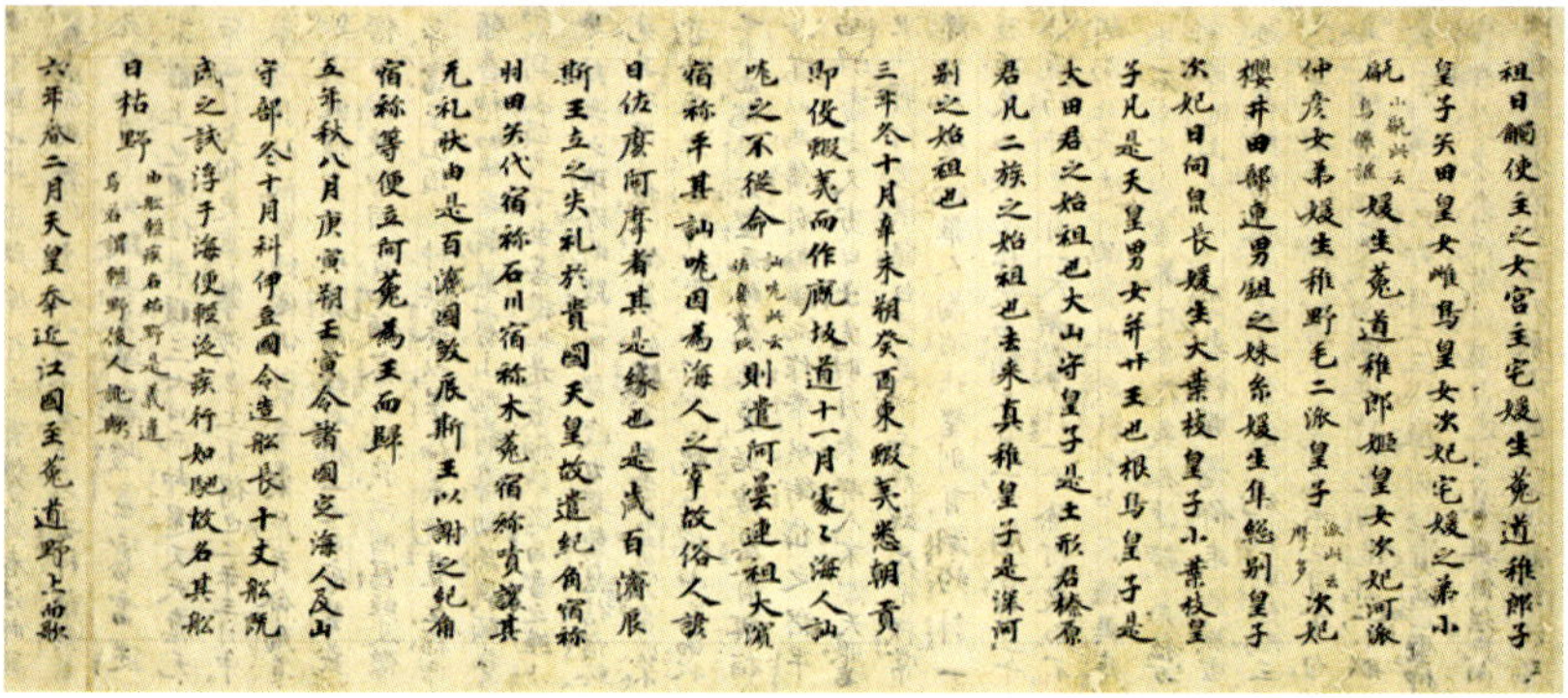
祖日觸使主之女宮主宅媛生菟道稚郎子
皇子矢田皇女雌鳥皇女次妃宅媛之弟小
甂小甂此云烏儾儺媛生菟道稚郎姫皇女次妃河派
仲彦女弟媛生稚野毛二派皇子派此云摩多次妃
櫻井田部連男鉏之妹糸媛生隼總別皇子
次妃日向泉長媛生大葉枝皇子小葉枝皇
子凡是天皇男女并廿王也根鳥皇子是
大田君之始祖也大山守皇子是土形君榛原
君凡二族之始祖也去来真稚皇子是深河
別之始祖也
三年冬十月辛未朔癸酉東蝦夷悉朝貢
即役蝦夷而作廐坂道十一月處々海人訕
哤之不従命訕哤此云佐麼賣玖則遣阿曇連祖大濱
宿禰平其訕哤因為海人之宰故俗人諺
曰佐麼阿摩者其是縁也是歳百濟辰
斯王立之失礼於貴國天皇故遣紀角宿禰
羽田矢代宿禰石川宿禰木菟宿禰嘖讓其
无礼状由是百濟國殺辰斯王以謝之紀角
宿禰等便立阿花為王而歸
五年秋八月庚寅朔壬寅令諸國定海人及山
守部冬十月科伊豆國令造船長十丈船既
成之試浮于海便軽泛疾行如馳故名其船
曰枯野由船軽疾名枯野是義違焉若謂軽野後人訛歟
六年春二月天皇幸近江國至菟道野上而歌

書記』といった具合です。

国によって編纂された『日本書紀』は日本最古の公的な正史です。それは当時の政府の公式見解であり、以降の政府がそれを否定したことはありません。つまり現在の日本は、『日本書紀』が正しいという大前提で国、社会が成り立っているのです。

たとえば日本国憲法。そのもとになっているのも『日本書紀』です。どの国の憲法でも、第一条には国民にとってもっとも大事なことを掲げますが、日本のそれは「天皇は日本国の象徴であり日本国民統合の象徴であって、この地位は、主権の存する日本国民の総意に基く」。これは『日本書紀』の内容をひと言で言い換えたものといえます。２０００年間、天皇と国民が支え合って社会を築いてきた日本が『日本書紀』の思想を受け継いでいることを表しているのです。身近なところでいえば祝日もそうです。神武天皇が即位した日＝建国記念日、宮中祭祀の新嘗祭《にいなめ》＝勤労感謝の日など、現在の祝日のほとんどは『日本書紀』の内容に基づいて設定されています。

もし『日本書紀』の内容が正しくないとしたら、祝日はもちろん、天皇も憲法も総理大臣も法律もすべてが意味を失い、日本の社会全体がひっくりかえってしまうでしょう。というわけで、『日本書紀』を読むとき、そこに書かれていることが事実なのかどうかと頭を悩ませる必要はありません。『日本書紀』に書かれていることが事実かどうかはともかく、正しい＝真実であるという大前提で日本が成り立っているということが大切なのです。キリスト教の聖書に書かれているマリアの処女懐胎が事実でないとしても、そこに神の力とマリアの純潔性を見出し、聖書にあるマリアの処女懐胎＝真実であるという前提のもとにキリスト教社会が成り立っているように、たとえ神武天皇が実在していなかったとしても、神武天皇という存在が日本人の心に深い影響を与え、『日本書紀』にある神武天皇の存在＝真実であるという前提のもとに日本という国は成り立ってきたのです。真実は事実よりも尊いものである、私はそう考えます。

とはいえ、私はその内容は限りなく事実に近いと考えています。考古学的な発見によって証明されることもありますし、たとえば記紀では、天の神が日本の国土に天降った天孫降臨の地を南九州と記していますが、どうせ正しくないことを書くなら、どうして国譲りの舞台となった出雲と記さなかったのでしょうか。そもそも大国主神がせっかく築き上げた国を天の神々が譲り受けてしまうという国譲りの話は、国の体裁を考えたらあえてふれなくてもいいような内容です。もし国にとって都合のいいことばかりが書いてあったなら疑いたくもなりますが、このように都合のいいことばかりではなく、悪いことも書いてあるからこそ、そこに書いてあることはすべて真実であると思えます。

なかには〝『日本書紀』になんて興味ない〟〝『日本書紀』なんて信じない〟という人がいるかもしれません。そうだとしても、『日本書紀』が日本社会の礎になっている以上、日本人であるからには『日本書紀』に拘束されないときはありません。そこには君民一体という国体の根本が書かれており、日本が日本たる理由、日本人が日本人たる理由が書かれています。日本人なら一度は読んでおきたい歴史書、それが『日本書紀』です。

『古事記』と『日本書紀』は何が違う？

01 読者が違う

編纂当時、仮名（ひらがな・カタカナ）はなかったため、両書とも漢字を使って漢語の文法で書かれているが、『古事記』は日本語の音に漢字をあてる借字（万葉仮名）を使っており、当時の中国人が読んでも理解できない文章だった。一方の『日本書紀』は完全な漢語で書かれており、編纂方法も中国の正史にならっている。このことから、『古事記』は日本人が読むものとして、『日本書紀』は公式の記録として外国人が読むものとして書かれたものと考えられる。

02 収録範囲が違う

古事記	▶ 天地初発～推古天皇
日本書紀	▶ 天地開闢～持統天皇

全3巻から成る『古事記』は、天皇の系譜や事績、神話などを記した『帝記』『旧辞』という書物を約30年かけて誦習、編纂。全30巻と系図1巻から成る『日本書紀』は『帝記』『旧辞』のほかに中国や朝鮮の書物なども参考に約40年かけて編纂された。どちらも書き出しは天地のはじまりの話。ただし、『日本書紀』では中国の陰陽五行の思想にのっとった天地の成り立ちについて書いているのに対し、『古事記』では天地がどのようにはじまったかについては触れていない。国内向けの『古事記』の記述が日本古来の思想だとすれば、海外向けの『日本書紀』の記述は、中国への配慮によるものかもしれない。

03 神名・人名の表記が違う

名前の表記が異なるのは、表意文字である漢語では表現できない日本語の音に表音文字として漢字をあてる借字（万葉仮名）を使っている『古事記』に対し、『日本書紀』は完全な漢語で書かれているため。つまり『古事記』では神名、人名、地名などの固有名詞には日本語の要素が生かされている。このこともあり、『日本書紀』は史学的要素が強いのに対し、『古事記』は文学的要素が強い。当時の日本人の心情を知るには『古事記』を、日本の公的な歴史を知るには『日本書紀』を、日本という国の成り立ちについて知るには両方を読むといい。

古事記	読み	日本書紀
伊耶那岐	イザナギ	伊奘諾
須佐之男	スサノオ	素戔嗚
建御雷	タケミカヅチ	武甕槌
神倭伊波礼毘古	カムヤマトイハレビコ	神日本磐余彦

04 同じストーリーでも内容が違う

例えば日本武尊《ヤマトタケル》（『古事記』では倭建命）のストーリー。『古事記』では父のためにと兄を自らの手で殺めたものの、当の父に疎んじられて九州に追いやられたと書かれているが、『日本書紀』では兄殺しも、父との不仲についてもふれられていない。このように『日本書紀』では、氏族の系譜や出雲国譲り神話など、対外的に重要でない&好ましくない国内の事情についての記述は、『古事記』と比べて全般的にあっさりとしている。これもやはり海外向けの正史という特性ゆえと考えられる。

ニッポンは日本書紀からできていた

01 日本書紀の思想を受け継ぐ日本国憲法

国民にとってもっとも大事なことを掲げる憲法の第1条。日本のそれは「天皇は日本国の象徴であり日本国民統合の象徴であって、この地位は、主権の存する日本国民の総意に基く」。これは『日本書紀』の内容を要約したもの。天皇と国民が支え合って社会を築いてきた日本が『日本書紀』の思想を受け継いでいることを表す。

02 ほとんどの祝日は日本書紀に由来

1月1日	元日	四方拝・歳旦祭(宮中祭祀)
1月第2月曜日	成人の日	元服の儀
2月11日	建国記念日	神武天皇即位
3月21日頃	春分の日	春季皇霊祭
4月29日	昭和の日	昭和天皇の誕生日
5月3日	憲法記念日	日本国憲法施行
5月4日	みどりの日	昭和天皇の誕生日を「みどりの日」と定め、この日に移動
5月5日	こどもの日	端午の節句
7月第3月曜日	海の日	明治天皇が汽船で行幸したことを記念
9月第3月曜日	敬老の日	兵庫県多可郡野間谷村の村長が提唱した「としよりの日」がはじまりとされる
9月23日頃	秋分の日	秋季皇霊祭
10月第2月曜日	体育の日	東京オリンピック開会式
11月3日	文化の日	明治天皇の誕生日、旧明治節
11月23日	勤労感謝の日	新嘗祭
12月23日	天皇誕生日	今上天皇の誕生日、旧天長節

祝日＝国民にとって大切な日。日本では、敬老の日と体育の日を除く、すべての祝日は『日本書紀』の内容をもとに定められている。たとえば2月11日の建国記念日は、戦前までは紀元節と呼ばれていた。この日は初代天皇の神武天皇が即位した日で、『日本書紀』に書かれている旧暦の元旦を新暦に換算し、定めたものである。

03 神域と俗世を隔てるしめ縄

スサノオの乱暴ぶりに怒り、太陽神であるアマテラスが天の岩屋戸に隠れると、世界は闇に包まれ、さまざまな禍（わざわい）が起こった。アマテラスが再び隠れられないようにと入口に張られたのがしめ縄だった。神域と俗世を隔て、厄や禍を祓う結界の意味をもつ。現在でも神社の入口や神棚、正月の玄関飾り、横綱のまわしなどに張られる。

04 サッカー日本代表のシンボルは神武天皇を勝利に導いた八《や》咫《た》烏《がらす》

初代天皇となるカムヤマトイハレビコ（のちの神武天皇）が東征の際、熊野の山中で迷っていると、一羽の黒い八咫烏が天から道案内として遣わされ、勝利へ導いた。このことから八咫烏は勝利の象徴とされ、サッカー日本代表のシンボルマークにもなっている。

05 国技の起源は神の力比べ

日本の国技といえば相撲。天界の神・タケミカヅチが地上で国づくりを行った神・オホアナムチのもとに国譲りの交渉に来た際、オホアナムチの息子・タケミナカタが力比べを持ちかけた。これが相撲の起源とされている。この勝負にはオホアナムチが勝利。神の使いである勝利者という意味から、現在の大相撲でも横綱のみがしめ縄をつける。

記紀神話の中でも重要な意味をもつのが、天孫ニニギの「天孫降臨」。宮崎県の高千穂はニニギが地上に降り立った場所とされている

図解

主要な神・天皇の相関図

日本書紀には多くの神々や天皇が登場する。その中でも本誌で登場する主要人物の系譜を紹介しよう。

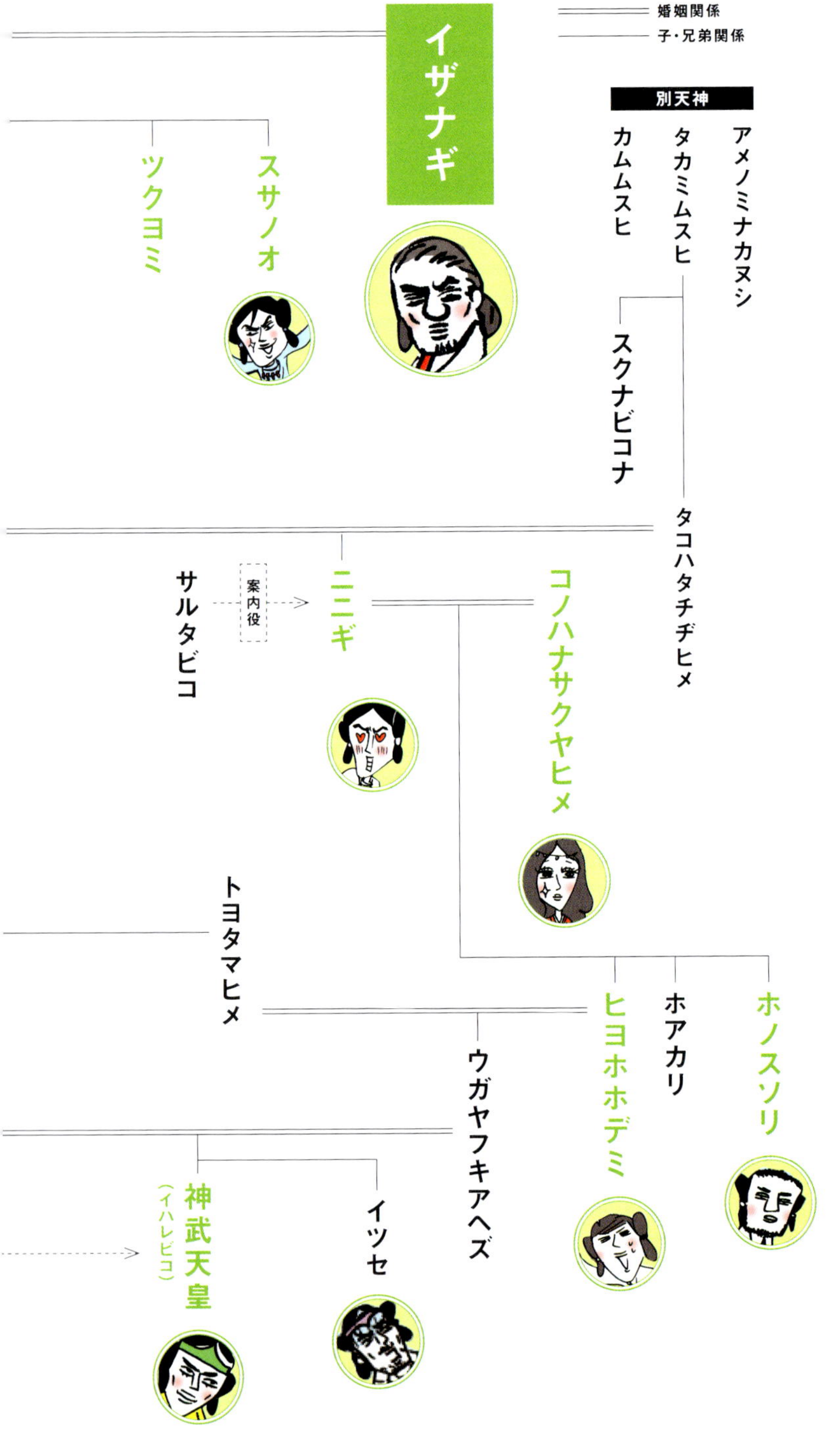

イザナミ

アマテラス

天岩屋戸事件で活躍した神
- アメノウズメ
- タジカラオ
- フトダマ
- イシコリドメ
- オモヒカネ
- タマノオヤ
- アメノコヤネ

オシホミミ

海神＝ワタツミ

山神＝ヤマツミ

トリノイワクスブネ

オオゲツヒメ

ヒノカグヅチ

タケミカヅチ

東征を助ける

タマヨリヒメ

姉妹

国生み

大八島

淡島《あわじしま》

大日本豊秋津州《おおやまととよあきつしま》

伊予之二名島《いよのふたなのしま》

筑紫島《つくしのしま》

双子

隠岐之島《おきのしま》

佐渡島《さどのしま》

越州《こしのしま》

大島《おおしま》

吉備児島《きびのこじま》

伊伎島《いきのしま》

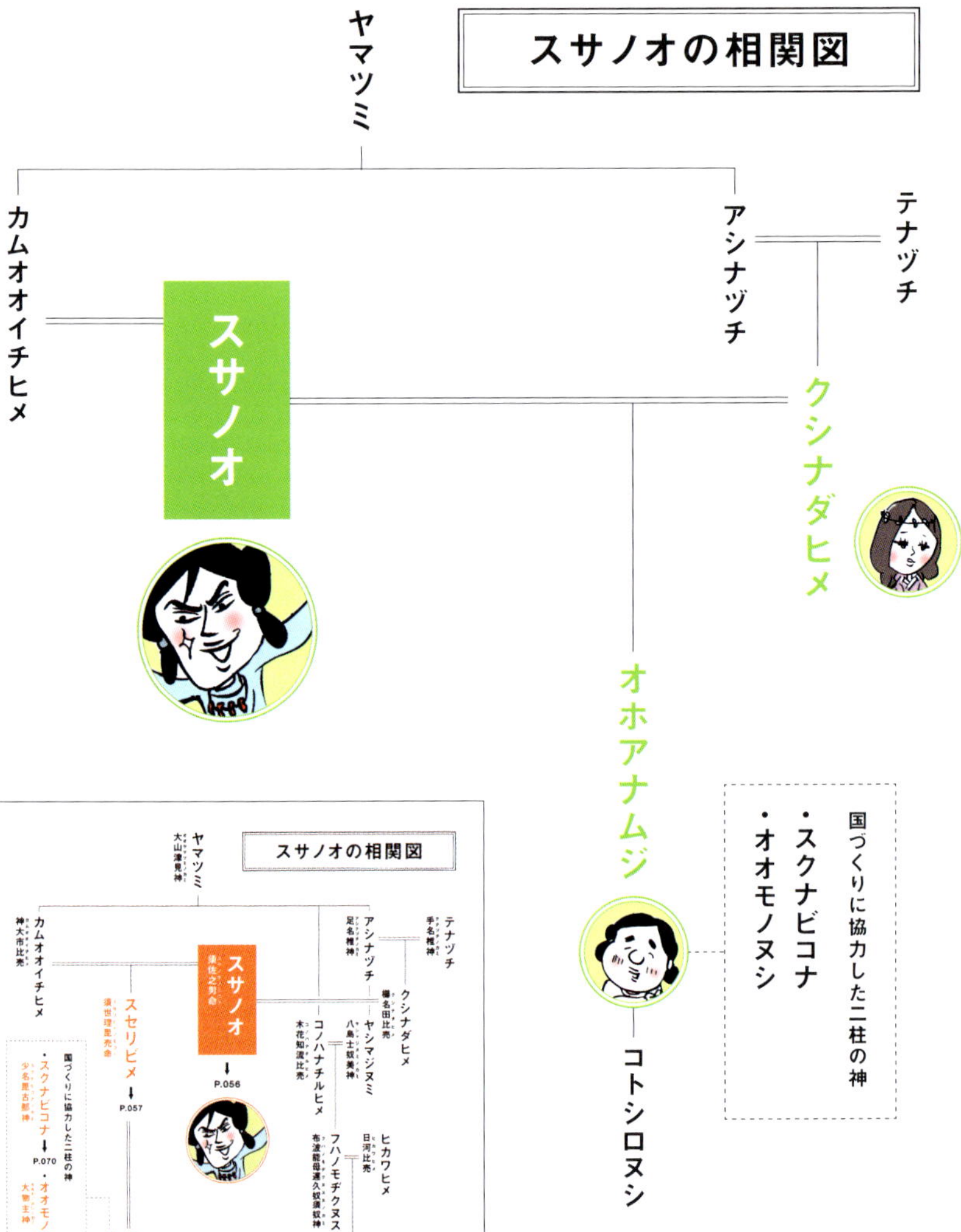

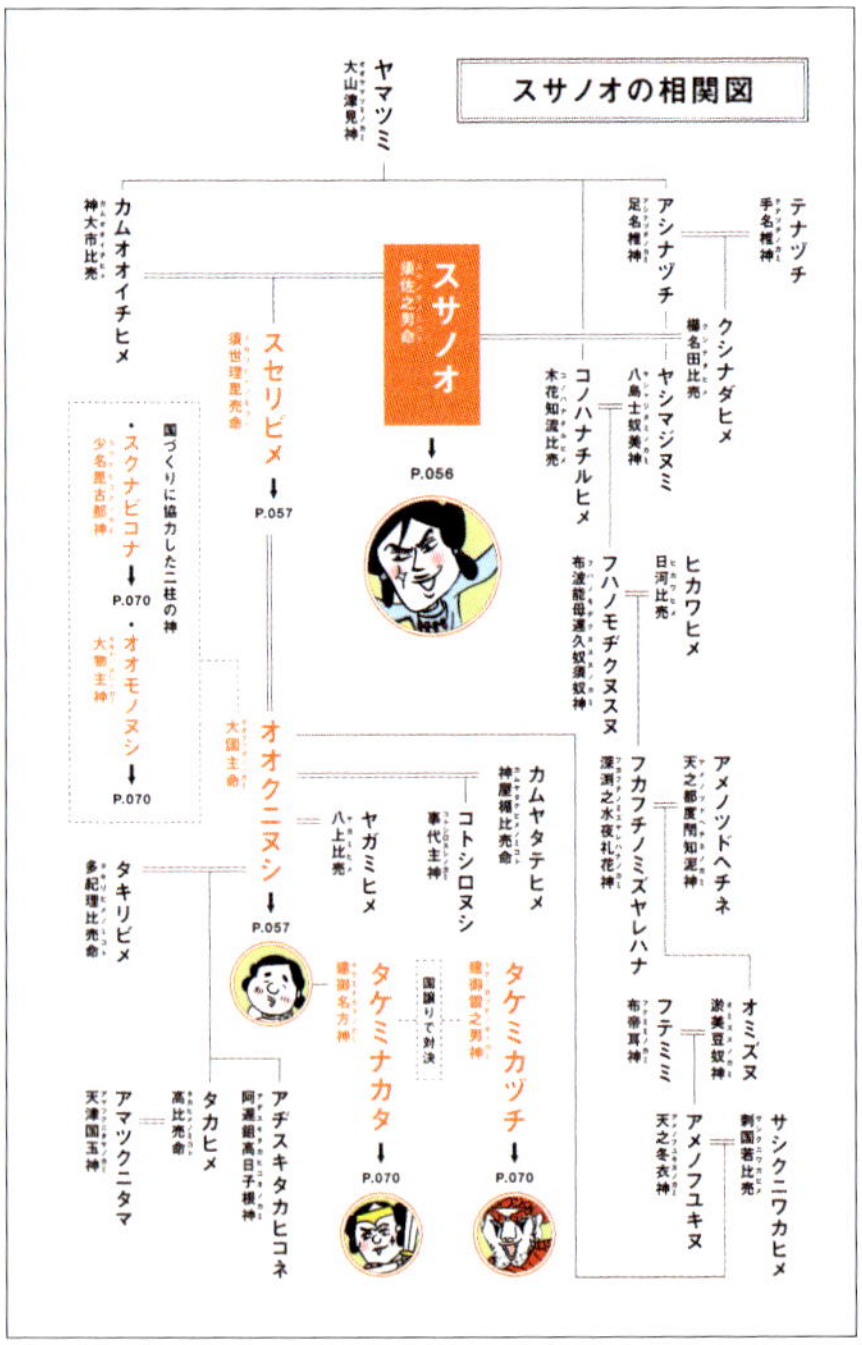

これは古事記の神々の相関図。日本書紀では神代の話が短くなっているので、登場する神々も少ない。

推古天皇までの系譜

初代 神武《じんむ》天皇
神倭磐余彦天皇《カムヤマトイハレビコノスメラミコト》

2代 綏靖《すいぜい》天皇
神渟名川耳天皇《カムヌナカワミミノスメラミコト》

3代 安寧《あんねい》天皇
磯城津彦玉手看天皇《シキツヒコタマテミノスメラミコト》

4代 懿徳《いとく》天皇
大日本彦耜友天皇《オオヤマトヒコスキトモノスメラミコト》

5代 孝昭《こうしょう》天皇
観松彦香殖稲天皇《ミマツヒコカエシネノスメラミコト》

6代 孝安《こうあん》天皇
大日本足彦国押人天皇《オオヤマトタラシヒコクニオシヒトノスメラミコト》

7代 孝霊《こうれい》天皇
大日本根子彦太瓊天皇《オオヤマトネコヒコフトニノスメラミコト》

8代 孝元《こうげん》天皇
大日本根子彦国牽天皇《オオヤマトネコヒコクニクルノスメラミコト》

9代 開化《かいか》天皇
稚日本根子彦大日日天皇《ワカヤマトネコヒコオオビビノスメラミコト》

10代 崇神《すじん》天皇
御間城入彦五十瓊殖天皇《ミマキイリビコイニエノスメラミコト》

4代省略

神功皇后《じんぐうこうごう》
気長足姫尊《オキナガタラシヒメノミコト》

11代 垂仁《すいにん》天皇
活目入彦五十狭芽天皇《イクメイリビコイサチノスメラミコト》

ヤマトヒメ
倭姫命《ヤマトヒメノミコト》

12代 景行《けいこう》天皇
大足彦忍代別天皇《オオタラシヒコオシロワケノスメラミコト》

13代 成務《せいむ》天皇
稚足彦天皇《ワカタラシヒコノスメラミコト》

ヤマトタケル
日本武尊《ヤマトタケルノミコト》

イワツクビメ
石衝毘売命《イワツクビメノミコト》

14代 仲哀《ちゅうあい》天皇
足仲彦天皇《タラシナカツヒコノスメラミコト》

15代 応神《おうじん》天皇
誉田別天皇《ホムダワケノスメラミコト》

次ページへつづく

15代
応神天皇《おうじん》
誉田別天皇《ホムダワケノスメラミコト》
16代
仁徳天皇《にんとく》
大鷦鷯天皇《オオサザキノスメラミコト》
17代
履中天皇《りちゅう》
去来穂別天皇《イザホワケノスメラミコト》
スミノエノナカツミコ
住吉仲皇子《スミノエノナカツミコ》
18代
反正天皇《はんぜい》
瑞歯別天皇《ミズハワケノスメラミコト》
19代
允恭天皇《いんぎょう》
雄朝津間稚子宿禰天皇《オアサヅマワクゴノスクネノスメラミコト》
イチノヘノオシワノミコ
市辺押磐皇子《イチノヘノオシワノミコ》
キナシノカルノミコ
木梨軽皇子《キナシノカルノミコ》
20代
安康天皇《あんこう》
穴穂天皇《アナホノスメラミコト》
21代
雄略天皇《ゆうりゃく》
大泊瀬幼武天皇《オオハツセワカタケルノスメラミコト》
4代省略
22代
清寧天皇《せいねい》
白髪武広国押稚日本根子天皇《シラカノタケヒロクニオシワカヤマトネコノスメラミコト》
24代
仁賢天皇《にんけん》
億計天皇《オケノスメラミコト》
23代
顕宗天皇《けんぞう》
弘計天皇《オケノスメラミコト》
タシラカノヒメミコ
手白香皇女《タシラカノヒメミコ》
25代
武烈天皇《ぶれつ》
小泊瀬稚鷦鷯天皇《オハツセノワカサザキノスメラミコト》
26代
継体天皇《けいたい》
男大迹天皇《オオドノスメラミコト》

27代 安閑《あんかん》天皇
広国押武金日天皇《ヒロクニオシタケカナヒノスメラミコト》

28代 宣化《せんか》天皇
武小広国押盾天皇《タケオヒロクニオシタテノスメラミコト》

29代 欽明《きんめい》天皇
天国排開広庭天皇《アメクニオシハルキヒロニワノスメラミコト》

30代 敏達《びだつ》天皇
渟中倉太珠敷天皇《ヌナクラフトタマシキノスメラミコト》

32代 崇峻《すしゅん》天皇
泊瀬部稚鷦鷯天皇《ハツセベノワカサザキノスメラミコト》

31代 用明《ようめい》天皇
橘豊日天皇《タチバナノトヨヒノスメラミコト》

33代 推古《すいこ》天皇
豊御食炊屋姫天皇《トヨミケカシキヤヒメノスメラミコト》

34代 舒明《じょめい》天皇
渟中倉太珠敷天皇《ヌナクラフトタマシキノスメラミコト》

36代 孝徳《こうとく》天皇
渟中倉太珠敷天皇《ヌナクラフトタマシキノスメラミコト》

35代 皇極《こうぎょく》天皇
渟中倉太珠敷天皇《ヌナクラフトタマシキノスメラミコト》

40代 天武《てんむ》天皇
豊御食炊屋姫天皇《トヨミケカシキヤヒメノスメラミコト》

38代 天智《てんち》天皇
豊御食炊屋姫天皇《トヨミケカシキヤヒメノスメラミコト》

37代 斉明《さいめい》天皇
渟中倉太珠敷天皇《ヌナクラフトタマシキノスメラミコト》

39代 弘文《こうぶん》天皇
渟中倉太珠敷天皇《ヌナクラフトタマシキノスメラミコト》

41代 持統《じとう》天皇
豊御食炊屋姫天皇《トヨミケカシキヤヒメノスメラミコト》

聖徳太子《しょうとくたいし》
上宮之厩戸豊聡耳皇子《カミツミヤノウマヤトノトヨトミミノミコ》

キャラを知れば
もっとおもしろい

主な神さま名鑑

本書に登場する主な神さまを紹介しよう。古事記とは違った名前やキャラクターをもつ神さまもいるので、読み比べてみるのもおもしろいだろう。

妻と仲よく国や神々を生む創造の父

▶イザナギ

妻のイザナミと協力して国や多くの神々を生んだ神さま。日本書紀ではイザナミは死なず、黄泉の国への訪問もないため、古事記と比べると好奇心旺盛な部分は隠れてしまっている。しかし、いつまでもイザナミと仲よく創造するのはよいパパともいえるだろう。

夫婦神として縁結びのご利益も

▶イザナミ

イザナギと共に国や多くの神々を生んだ。古事記では火の神ヒノガクヅチを生んで死んでしまうが、日本書紀では次々と神さまを生み続ける。黄泉の国でケンカをすることもないので夫婦円満だったようだ。ちなみに禊ぎの物語もないので、アマテラスも二柱の子。

愛されキャラの太陽神

アマテラス

古事記ではイザナギが黄泉の国から戻って行った禊ぎからアマテラスやスサノオたちが誕生しているが、日本書紀ではイザナギとイザナミの子として誕生。周囲から大切にされるお嬢様キャラは変わらず。

やんちゃな暴れん坊

スサノオ

アマテラスの弟。姉のテリトリーを荒らすなど、やんちゃで暴れん坊だったため、周囲を困らせるクセがある。しかし、八岐大蛇《ヤマタノオロチ》退治など豪快な性格を生かした美しいエピソードもたくさんある。

穏やかで協力的な国づくりの神

オホアナムチ

古事記ではオオクニヌシという名前で、因幡《いなば》の白兎の物語で活躍しているが、日本書紀では名前が変わり国づくりのエピソードはあっさりと、国譲りも穏やかに行われ、かなり協力的な性格になっている。

緊急時に発動する特攻隊長

▶ タケミカヅチ

オホアナムジの国譲りのときに高天原から降ってきて国譲りを導いた武神で、いざというときに出動する特攻隊長だ。鹿島神宮などに祀られており、藤原氏の氏神でもある。

アマテラスの孫で天孫と呼ばれる神

▶ ニニギ

アマテラスの孫で、地上の統治者に指名された選ばれし神。地上でひと目ぼれしたコノハナサクヤヒメと一夜は過ごすもすぐに懐妊したため、妻を疑うという意外と器の小さい部分もある。

真の強さをもつ美しき女神

▶ コノハナサクヤヒメ

天孫ニニギの子が懐妊したときに「あり得ない！」とニニギに疑われ、火の中で出産をして天の血をひく子たちであることを証明したヒメ。富士山にもたとえられる女性で、壮大で真の強さをもつ。

兄弟ゲンカに負けた哀れな神

ホノスソリ（ウミサチ）

天孫ニニギとコノハナサクヤヒメの子で、海で魚を捕って暮らしている。弟であるヒコホホデに釣り道具をなくされてからというもの、踏んだり蹴ったりな人生を歩む羽目に。少しかわいそうなお兄ちゃん。

好奇心が高い弟キャラ

ヒコホホデ（ヤマサチ）

ホノスソリの弟で、山で猟をして暮らしている。好奇心旺盛な性格で、兄の商売道具を借りたものの紛失してしまい、それを告白できず最後は妻の父親に協力してもらうという甘え上手な弟キャラ。

夫のために尽くす健気なヒメ

トヨタマヒメ

ヒコホホデの妻で、神武天皇の父となる子を生む。夫が兄のことで悩んでいれば父親とともに力になる、ダンナ思いの健気なヒメ。出産のときに古事記ではワニ（サメ）になるが、日本書紀では龍になる。

日本書紀は日本の歴史書といってしまえば難しく感じるかもしれないが、身構えることはまったくない。神々が神さまとは思えない行いをしながら国をつくり、天皇家へとつながっていく。読むほどに興味深い。それが日本書紀なのだ。

20の物語

STORY 01 天地ができて神が生まれる

STORY 02 乱暴者がやってきた

STORY 03 天岩屋にひきこもるアマテラス

STORY 04 スサノオ、大蛇退治に乗り出す

STORY 05 オホアナムチ、国を譲る

STORY 06 アマテラスの孫が地上に降りる

STORY 07 ホノスソリとヒコホホデのケンカ

STORY 08 地上生まれの天孫、神武天皇誕生

STORY 09 崇神天皇、オホモノヌシを祀る

STORY 10 景行天皇、ヤマトタケルの親子鷹

3分でわかる

まずは知りたい

日本書紀

STORY 11

神のお告げで海を渡る神功皇后

STORY 12

民のために尽くした仁徳天皇

STORY 13

キレまくり男・雄略天皇

STORY 14

雄略天皇から続く跡目争いと混乱

STORY 15

あの有名な聖徳太子、登場!

STORY 16

皇子たちよ、蘇我を阻止せよ!

STORY 17

新時代の幕開け、大化の改新

STORY 18

SOS、SOS、こちら百済!

STORY 19

天皇候補が国を二分した壬申の乱

STORY 20

律令を定め法式を改めよう

参考文献／『図解 古事記・日本書紀』（西東社）、『図解 比べてみるとよくわかる！古事記と日本書紀』（PHP研究所）など

第1章

01 天地ができて神が生まれる

「日本書紀」のはじまりは、宇宙の初めから語られていく。
天ができて地ができて、そこに神が生まれ、神が国をつくるという、世にも壮大な物語のはじまりはじまり～！

おしどり夫婦が天沼矛《あめのぬぼこ》で日本を製作！ たくさんの子宝に恵まれたが……

昔々、宇宙は混沌としていた。その中でだんだんと明るい澄んだ部分が天となり、重くて濁った部分が地となった。天地の中にやがて神が生まれる。それがクニノトコタチノミコトだ。それに続いてどんどん神が生まれ、合わせて11柱（神は一柱、二柱と数える）の神が生まれた。その最後の二柱がイザナギ、イザナミという男女の神だった。この二柱の神が、天と地の間にかけられた天浮橋《アメノウキハシ》に立ち、天沼矛を地に差し込んで探ってみた。すると下に青海原が現れたのだ。引き上げた天沼矛の先からしたたり落ちたしずくが固まって、オノコロ島ができた。イザナギとイザナミはその島に降り立ち、国を生もうと決心した。この島を柱に見立て、イザナギは左回りに、イザナミは右回りに柱をまわる。顔を見合わせたときに、イザナミが

「まあ、なんてハンサム……」と言ったのが気に食わず、イザナギは

「男から声をかけるのが普通なのに、なんで先に言うわけ？　こういうの絶対よくないからやりなおし」

と文句を付けた。そこでもう一度柱を巡って、今度はイザナギから

「ああ、超カワイイ……」と声をかけ、二柱の神は夫婦となった。イザナギとイザナミは大日本豊秋津州《おおやまととよあきづしま》をはじめい

くつかの島を生み、これが日本の国となった。

さらにイザナギとイザナミは、そこに山や川、草や木を生んだ後、「天下の君主となるべき者を生もう」と話し合って、日の神・アマテラスを生んだ。この子は身体が光を放つ神々しい子だったので、これは当然、地ではなく天で育てるべきだと、天へ差し上げた。

次に月の神・ツクヨミを生んだが、この子も日の神に次いで神々しかったので、やはり天へ送った。そしてもうひとり生まれたのがスサノオだったが、この子は乱暴で怒りっぽく、地上の人間をたくさん殺したり、青々した山を枯れ山に変えたりしたので、「お前はとても君主になる器ではない！　遠い根の国（死者の世界）へ行ってしまえ！」と追い払った。

イザナギとイザナミは最後に火の神を生んだが、その際イザナミは大やけどを負って死んだ。

古事記との違い

古事記との違いはいろいろあるが、中でも大きいのは、アマテラスとツクヨミ、スサノオが生まれるのが、イザナギとイザナミの間であること。古事記ではこの三柱の神を生む前に、火の神を生んでイザナミは死んでしまい、死者の世界へ妻を追っていったイザナギが、死者の国から戻って身体を洗っているときに、アマテラスらが生まれたとされている。なお、このエピソードは、日本書紀の中でも別伝として出ている。

第1章

02

乱暴者がやってきた！

あまりに怒りっぽくて乱暴者なので、父や母にも見限られたスサノオ。死者の世界である根の国へ行けといわれ、別れの挨拶をしに姉・アマテラスの住む天界を目指す。

スサノオの目的は天界侵略か!? それとも本当に悪意はないのか？

父であるイザナギに「お前のようなものは根の国へ行け！」と言われたスサノオ。

「……わかったよ。俺は根の国へ行くよ。でもその前に一目、姉ちゃんに会いたい。アマテラス姉ちゃんのいる高天原（天界のこと）へ行って、ちゃんと別れの挨拶をして、それから永久にあの世の国へ行くよ」

イザナギがそれを許してくれたので、スサノオは天界目指して上っていった。それを見届けたイザナギはこの世を去った。前々から弟が超乱暴者であることを知っていたアマテラスは

「あいつがわざわざ来るなんて、何かやらかしてやろうと思っているに決まってる。もしかして私のいるこの天界を制圧しようとか!?」とスサノオを警戒。髪型から服装まで男のようにして、スサノオを待ち構えた。

「おうおう、この高天原に何しに来たんじゃ、わりゃー!?」と姉に荒々しく問われ、スサノオは

「ケンカ売りに来たんじゃないって！　オヤジに永久追放されたから、根の国に行く前に、せめて一目でもいいから姉ちゃんに会って……って、それだけなんだよ。それなのに最初っから俺がなんかするって疑って、その態度ってひどくない？」

と言った。しかしアマテラスはまだ警戒を解かないので、彼は一つの提案をした。

「わかったよ、それなら『うけいの誓い』（神の前で誓いを立て、結果がその通りになるかどうかで、事の吉兆や真偽を決めること）を立てようよ。お互いに子を生んで、もし俺が生むのが女の子なら、俺の言ってることは嘘だし、男の子なら本当だってことにしよう」

そこでアマテラスはスサノオの太刀をもらい、噛み砕いて息を吐くと三柱の姫神を生み出した。今度はスサノオがアマテラスの身を飾る玉をもらい、同じく噛み砕いて息を吐くと、五柱の男神が生まれた。アマテラスはそれで納得しスサノオに悪意がないと認めた。

▼古事記との違い

この部分については、ほとんど古事記と日本書紀の間に違いはない。ただ、古事記ではアマテラスとスサノオが互いの持ち物を交換して神を生み出す際、「女の子を生んだらスサノオに悪意があり、男の子を生んだら彼の心が言葉通り清いことの証」というような取り決めを、先にしていないため、スサノオが結果オーライで「俺の持ち物から優しい女の子が生まれたから、俺の心が優しくて素直ってことの証だね」と、勝手に勝利宣言したかのようになっている。

第1章

03

天岩屋《アメノイワヤ》にひきこもるアマテラス

姉・アマテラスをへこませたスサノオは調子に乗って、天界でやりたい放題。怒ったアマテラスは天岩屋に立て籠もる。日の神のストライキで、世の中は真っ暗闇に。

スサノオのでたらめっぷりに、アマテラスがキレた！

うけいの誓いで「天界侵略に来たのではない」と証明したスサノオは、よせばいいのに調子に乗って天界で大暴れをはじめた。たとえば春、アマテラスの田んぼにすでに種まきがしてあるのを知りながらその上に自分が種を蒔いて、

「ここ、俺の田んぼだからね」

と横取りをしたり、姉の田んぼの畦を壊して水を流し出したりした。秋になると稲の実った田んぼに馬を放して、せっかく刈り取るばかりだった田んぼを台無しにした。また姉が五穀豊穣を祝う新嘗《にいなめ》祭を行う神聖な御殿に、こっそりうんちをしてまわったばかりでなく、姉が神に献上する布を織る建物にいるのを見ると、まだら色の馬の皮を生きたまま足の方から逆剥ぎにして、この建物の屋根に穴を開けて、そこから投げ込んだ。中にいたアマテラスはそれを見てびっくり仰天！　避けるはずみに布を織る道具で身体を打ち、怪我をしてしまった。アマテラスの堪忍袋の緒がブチッと切れるのも無理はない。何もかもに嫌気がさしたのか、アマテラスは天岩屋の中に閉じこもり、岩戸をぴたっと閉めて立て籠もってしまった。

日の神・アマテラスが姿を隠したので、天界は真っ暗な闇に閉ざされてしまう。さあ困ったと大勢の神々が集まっ

て、アマテラス引っ張り出し作戦を練る。力自慢のタヂカラオが岩戸の陰でスタンバイ。

青々とした榊《さかき》を飾り、その前で

「アマテラス、出てきて〜」

と大勢の神々が祈る。アメノウズメは岩戸の前でおもしろおかしく踊るわ、たくさんのニワトリがいっせいに長鳴きするわ、この大騒ぎを岩戸の向こうで聞いていたアマテラスは

「日の神の私が隠れて、天界は真っ暗なはずなのに、なんでアメノウズメが踊ったりして、みんな騒いでるわけ？」

と岩戸をちょっとだけ開き外を見ようとした。すかさず隠れていたタヂカラオがアマテラスの手をつかみ、外へ引っ張り出す。他の神が岩戸にしめ縄をして閉じてしまった。

アマテラスが出てきてくれた後、神々はスサノオの罪を責めて、彼の髪の毛を抜いて償いをさせてから、高天原を追い出した。

▼古事記との違い

古事記では、スサノオが生きながら逆剥ぎした馬にびっくりして怪我をしたのは、神に仕える機織りの少女。また日本書紀の別伝では、死んだのはアマテラスの妹と伝えられるワカヒルメノミコトという新キャラが出てくるものや、新嘗を行う御殿にスサノオがしたうんちの上に、気づかずにアマテラスが座ってしまい、それが元で病気になったので怒って隠れたという別バージョンもある。弟はうんち、姉は怒って隠れる…って、子どものケンカか!?

第1章

04 スサノオ、大蛇退治に乗り出す

調子に乗りすぎて高天原を追い出されたスサノオ。地上に降りた彼は、頭が八つもある大蛇に食べられる運命だという娘を救うため、怪物を退治してやると約束する。

ヤマタノオロチを退治して、嫁さんゲットスサノオは根の国へと去っていく

姉・アマテラスを怒らせて天界から叩き出されたスサノオは、地上にある出雲の国に降り立った。遠くから人の泣き声が聞こえる。スサノオが声のする方へと歩いて行くと、老夫婦が少女を間において、なでさすりながら泣いているのに出会った。

「誰だ、お前たちは？　なんで泣いているんだ？」

スサノオの問いに老人は

「わたしゃあアシナヅチ、これは妻のテナヂチと言います。この子はわたしらの娘でクシイナダヒメです。わたしらにゃあ八人の娘がおりましたが、毎年一人ずつヤマタノオロチという化け物に呑まれてしまいまして、もう残ったのはこの子だけ。それも今夜、あのオロチに呑まれてしまうのです。悲しくて悲しくて、泣いてるんです」

と涙ながらに答える。スサノオは

「よし、俺がその化け物を退治してやろう。娘を守ってやったら、俺にくれるか？」

と、オロチ退治を申し出た。まずクシイナダヒメを櫛に変え、自分の髪に挿す。そしてアシナヅチとテナヅチに命

じて強い酒をつくらせ、八つの広い桟敷に縄を張り巡らせた上で、そのひとつひとつの酒槽を置き、酒をなみなみと注いで待った。やがてオロチがやって来た。頭が八つ、しっぽも八つあり、目は赤いホオズキのようにらんらんと光っている。スサノオの計略通り、オロチは酒を見つけると喜んでぐいぐい呑んだあげく、酔っぱらって眠ってしまった。そこをすかさずズタズタに切り刻む。しっぽを切ったときに、スサノオの刀が少し欠けてしまった。引き裂いてみるとしっぽの中に剣が入っていた。これが世に言う草薙《くさなぎ》の剣《つるぎ》だ。

「こんな不思議な剣は俺のものには出来ない。姉ちゃんに贈ろう」

スサノオは草薙の剣をアマテラスに献上した。

ヤマタノオロチを退治したスサノオはクシイナダヒメとの新居を探して歩き、出雲の清地というところに宮殿を建てた。ここで姫とベッドインしてもうけた子がオホアナムチだ。その後、スサノオは父に治めるように言われた根の国へと旅立っていった。

▼古事記との違い

古事記では、助けた姫の名が「クシナダ=櫛名田」だが、日本書紀では「クシイナダ=奇稲田」となっている。また日本書紀の別伝では、スサノオが降り立ったのは出雲ではなく安芸であり、テナヅチの妻はイナダノミヤヌシスサノヤツミミとなっており、クシイナダヒメを妊娠中という設定になっているものもある。このバージョンではスサノオがヤマタノオロチに向かって「お前は大したやつだ。おごってやるぜ」と、酒を振る舞うというセリフが入っている。

第1章

05

オホアナムチ、国を譲る

アマテラスの子孫に国を譲るようにと、天界から使者がやってくる。せっかくつくった国を譲れとは……！　跡取り息子と相談したオホアナムチの決断はいかに？

三度も送った使いは役立たず。はたして四度目の正直になるか？

アマテラスの息子はタカミムスビの娘と結婚し、アマツヒコヒコホノニニギを生んだ。タカミムスビはこの孫がかわいくてかわいくてたまらず、ジジバカの力技を発揮してこの孫を葦原中国《あしはらのなかつくに》（日本のこと）の君主にしようと思い立った。しかしこの国には蛍火のように輝いている悪い神や、五月のハエのようにやかましい乱暴者の神々がいる。これではかわいい孫を降臨させるわけにいかない。そこで他の神々と相談し、アメノホヒを降ろし、地上を平定させた。だがこのアメノホヒは、地上に君臨していたスサノオの息子・オホアナムチと意気投合して家来になり、三年経っても天界に報告を寄越さない。次にアメノホヒの息子のオオセイヒノミクマノウシを派遣したが、これも父と一緒になって報告を寄越さなかった。今度はアメノワカヒコを送ったが、彼はオホアナムチの娘と結婚したあげく「俺もこの葦原中国を治めたいな～」というフザケたことを言ってきただけ。様子を見に行かせた天からの使いのキジを射殺したアメノワカヒコは、罰が当たって自分が放った矢にあたって死んでしまった。

四度目の使者に選ばれたのはフツヌシ。彼にタケミカヅチが同行して地上へ降り、オホアナムチに会いに行った。「タカムスビ様が天孫（天の神・日の神であるアマテラスの子孫）をこの国へ降ろして、治めさせようとなさってい

る。我々はそれに従う気のない連中を追っ払い、国を平定するために来た。どうだ？　ええ？　国を譲るか？」

こう切り口上に言われ、オオアナムチは

「私の跡継ぎ息子と相談して、お返事しましょう」

と答えた。フツヌシたちがオオアナムチの息子の意見を聞くと

「天の神からの命令なら、私の父は国をお譲りするでしょう。私も命令に背きません」

と言って海の中に姿を消してしまった。イナセハギの報告を聞き、オオアナムチは

「息子がそう言ったなら、国は譲ります。私が戦うと言えば、この国中の神々が一緒に戦ったでしょうが、私が譲ると言ったなら他の神々も刃向かわずに従うでしょう」

と言って国を譲り、死者の国へと旅立っていった。

古事記との違い

古事記ではオオアナムチはスサノオの息子ではなく、スサノオの六代目に当たる子孫。日本書紀の別伝には「六代目の子孫で、またの名をオオクニヌシという」と、古事記と同じことが書いてあるものもある。オオクニヌシはあの有名な「因幡の白兎」に出てくる神で、七福神の1人・大黒様。日本書紀にはウサギのエピソードをはじめ、オオクニヌシが根の国でスサノオの娘と結婚し、義父の力添えで地上の国を従える話もすべてカットされている。

06 アマテラスの孫が地上に降りる

やっとオオアナムチから支配権を譲り受け、アマテラスの孫であるニニギが地上へ降りる。地上で美女に出会った彼は、即ナンパに走るのだった。

天浮橋《あめのうきはし》を通って、高千穂峰に降臨。さっそくお嫁さんももらっちゃおう！

武闘派のフツヌシとタケミカヅチはオオアナムチから国を譲り受け、その他の従わない神々を処罰するなどして葦《あし》原中国《はらのなかつくに》（日本）を平定して、やっと天界へ帰ってきた。

タカムスビは寝るときに床を覆う「真床追衾《まとこおうふすま》」という夜具を愛する孫に着せてやり、葦原中国に降臨させた。アマツヒコヒコノニニギは八重にたなびく雲を押し分けて、威風堂々と高千穂峰に降りていった。

長屋の笠間の崎というところにとどまることにしたアマツヒコヒコホノニニギ。ここにカアシツヒメ、またの名をコノハナサクヤヒメという絶世の美少女がいた。

「キミ、きゃわゆいねえ〜。どこの娘さん？」

と尋ねると

「私、天の神の一人とオホヤマツミの間に生まれた娘です」

と答えた。そこでアマツヒコヒコホノニニギは彼女と一夜をともにしたところ、次の日には妊娠したという。

「え、それはないない！　いくら僕が天の神だからって、一晩で妊娠ってそれはないよ！　お腹の子は絶対僕の子じ

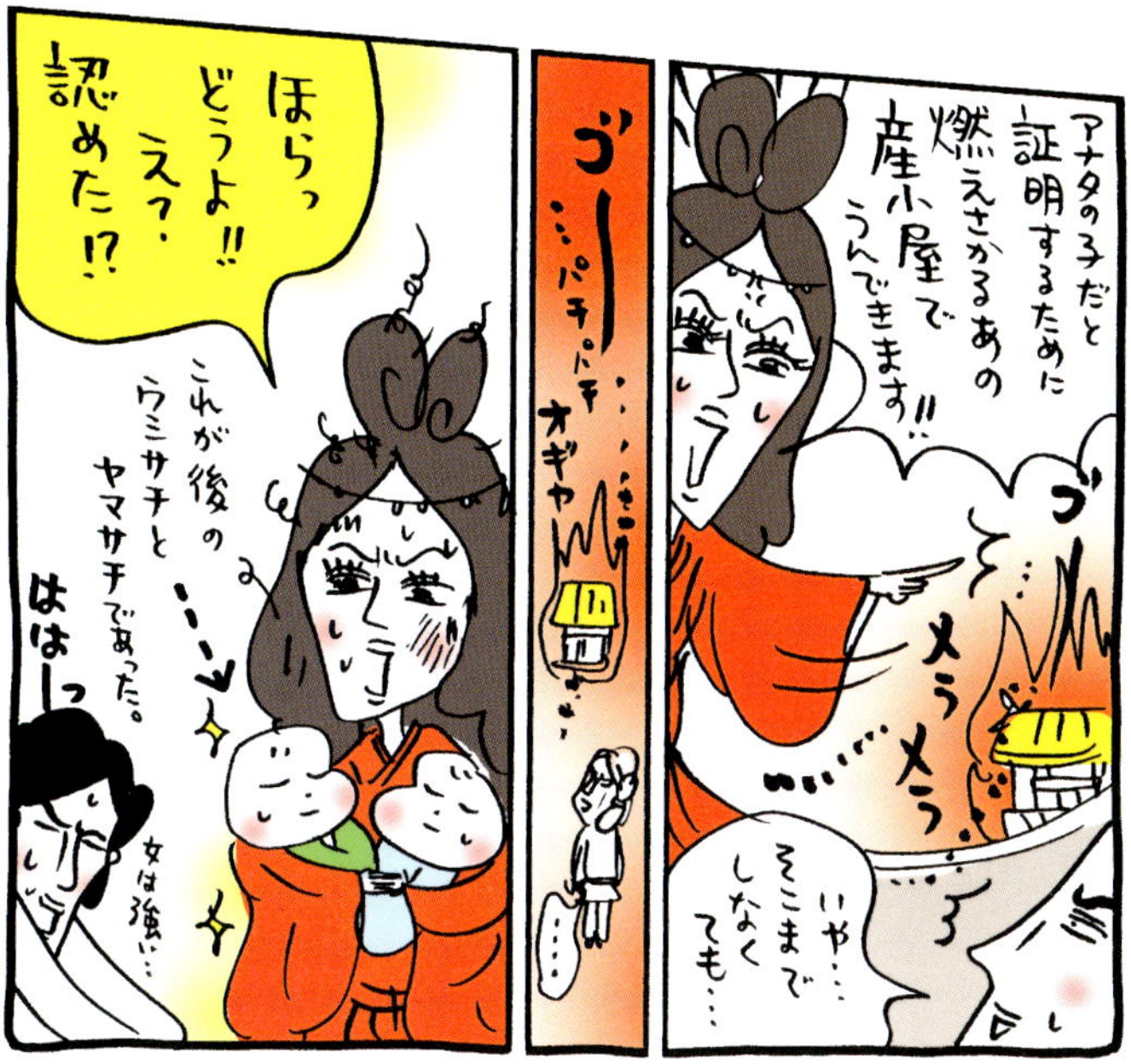

やない!」

このアマツヒコヒコホノニニギの疑惑に、カアシツヒメは怒ったのなんの! 出入り口のない建物をつくり、その中に入って『うけいの誓い』を立てた。

「もしも私のお腹の子が天孫であるあなたの子どもじゃないなら、私はきっと焼け死ぬはず。逆に私の言うことが本当で、この子が貴い身分のあなたの子どもだったら、どんな炎も傷一つ付けられないはずです」

そう言って建物に火を付けて、出産に挑んだ。最初に煙が立ち上る先から生まれたのがホノスソリ、次に生まれたのがヒコホホデミ、さらに生まれたのがホアカリ。三柱の神が無事に生まれたのだった。

その後長生きをしてから、アマツヒコヒコホノニニギはこの世を去り、筑紫の国の可愛の御陵に葬られた。

▼古事記との違い

古事記では最初、ニニギではなく、その父であるアメノオシホミミが降臨するはずだったが、地上平定に時間がかかったので、その間に生まれた息子・ニニギが降臨することになったとされている。また彼の子を生むカアシツにはブスの姉がいて、姉妹一緒にもらってくれと言われたのに、姉のほうはいらないと親元に帰したため、天孫は神の子でありながら、カアシツの別名コノハナ(木の花)のように儚い命になったとされている。

第1章

07 ホノスソリとヒコホホデのケンカ

アマツヒコヒコホノニニギとカアシツの間に生まれた三柱の兄弟神。この長男と次男の間にケンカ勃発。その結果を左右したのは、次男の嫁の父・海の神だった。

大事な釣り鉤《ばり》をなくされた上に弟の家来にされてしまう哀れな兄……。

炎の中で生まれた長男のホノスソリ（ウミサチ）には、海で魚を捕ることができる海の幸が備わっていた。またその弟のヒコホホデ（ヤマサチ）には、山で鳥や獣を獲ることができる山の幸が備わっていた。ある日二人は相談して、お互いの道具を取り替えてみたが、山に入った兄も、海に行った弟も、まったく獲物を得ることができなかった。兄は弟に弓矢を返して、自分の釣り鉤《ばり》を返してくれといったが、弟は海で兄の釣り鉤をなくしてしまったため、返すことができない。新しい釣り鉤をつくって返そうとしたが、兄は、

「お・れ・の・釣り鉤を返してほしいんだよ！」

と突っ返した。困って浜辺をうろうろしていたヒコホホデは、潮路の神・シホツチに出会う。ヒコホホデの悩みを聞いたシホツチは彼を海の中にある海神の宮に送り届けた。

海神は釣り鉤を探し出してくれただけでなく、娘のトヨタマヒメの婿としてもてなしてくれた。三年もの間、美人の妻と楽しく暮らしたが、故郷が恋しくなったヒコホホデは帰国を決意。海神はヒコホホデにある計略を授け、故郷に送り届けてやった。

故郷に帰ったヒコホホデは、海神に言われたとおり釣り鉤を「貧鉤《まじち》」と呼んでその幸を奪い取ってから兄に返した。このため、ホノスソリはやっと自分の釣り鉤を取り戻したのに魚が釣れない。怒ったホノスソリがヒコホホデを責めようとすると、ヒコホホデは海神にもらった、潮を満たして人を溺れさせる「潮満瓊《しおみつだま》」を使って兄を溺れさせ、兄が許しを請うと満たした潮を引かせる「潮涸瓊《しおふるだま》」を使って助けた。さんざんな目にあった兄は弟のためにオモシロ芸をする家来になると誓った。

その後トヨタマヒメは妹のタマヨリヒメとともに、ヒコホホデの子を生みに海の中から海辺へとやってきた。

「お産をのぞいちゃダメよ」

と言われたにもかかわらず、ヒコホホデはこっそりのぞいてしまう。トヨタマヒメは龍の姿になっていた。正体を見られたことを恥じて、トヨタマヒメは子どもを置いて海に帰ってしまった。

古事記との違い

古事記ではこの兄弟は長男と末っ子の三男という設定になっている。古事記では次男、日本書紀では三男の設定になっているホアカリは、誕生の時以外物語にかかわってこない。また子どもを出産するときのトヨタマヒメの姿は、日本書紀では龍となっているが、古事記ではワニ（サメのこと）になっている。日本書紀の別伝にも、正体をワニとしている別バージョンがある。母に置いて行かれた息子は、長じて母の妹と結婚している。

第2章

08 地上生まれの天孫、神武天皇誕生

海神の力を借りて兄を家来にしたヒコホホデミ。その孫・カムヤマトイハレビコは兄たちとともに、天下平定の旅に出る。だが行く手にはさまざまな苦難が待ち受けていた。

アマテラス
の孫の
ニニギ
の子孫
イハレビコ
天下を治めるべく東へ向かうも紆余曲折。
兄さんっしっかりしてくれ!!
弟よ!!オレ!!ダメかもしれん
兄
イツセ
改めて方向を変え仕切り直し。…
太陽を背に戦う
よしっ
勝てそうな予感!!
一方、敵は―
このままでは負けてしまうっ
いかんっ
ヤバイっ
形勢が不利だっ

ちょっと…ひいた方がよくない？
いや!! 今こそ行くべきだ!!
……じゃお前いけよ。
え？
そーだそーだ
そんなにいうならお前いけよ
え!?
ブサッ
っていうかお前のせいね！
元はといえば全部コイツのせいなんです。
首、どうぞ
ってことであなたについていきます
こうして——
神武天皇が誕生した。
初代・天皇
よい世の中にするぞ!!
弟よ…あとは…たのむ…
え〜？

解説

神のお告げに導かれて、東へ進め！

天下平定のために、野を越え山越え海越えて。神武天皇の旅は七転び八起き。

カムヤマトイハレビコは、**ヒコホホデミ**の息子・**ヒコナギサタケウガヤフキアヘズ**と、叔母に当たる海神の娘・**タマヨリヒメ**との間にできた四男坊。生まれつき頭がよく、ものの道理を知る信念の男だったので、15歳の時に跡取りと決まった。45歳のある日、彼は3人の兄たちと自分の息子を呼んでこう切り出した。

「昔、天の神様たちが俺たちの祖先にこの豊葦原の瑞穂の国[1]を授けてくださった。天孫がこの国に降られてから、今日までに百七十九万二千四百七十余年が経ったが、まだまだこの国の全土にその恩恵は行き渡っていない。あちこちに「俺が君主だ」「俺が長だ」と言う者がいて、互いに争い合っている。俺たちはもっと東へ行って、この国全土を従え、天孫の庇護の元に国を治めるべきではないか！」

みんなこの言葉にすぐ共感し、

「よし、善は急げだ。すぐ行こう！」

用語解説 KEY WORDS

1 豊葦原の瑞穂の国
とよあしはらのみずほのくに
葦原中国と同じく、日本のこと。

と立ち上がった。船で東へと遠征を開始した一行は、筑紫へと向かった。歓待してくれた土地にまず腰を落ち着け、船や武器を整えて時期を待つ。一行はさらに東へと向かい難波の崎へ到着。川をさかのぼり、河内の国の白肩の津に着いた。船を下り徒歩で進軍する。胆駒山を越えて大和の国へ入ろうとしたところ、あたりを治めている**ナガスネヒコ**が兵を集め、彼らを迎え撃った。激しい戦の最中、的の放った矢でカムヤマトイハレビコの兄・**イツセ**が負傷してしまう。この悪い状況は、自分たちが日の神の子孫でありながら太陽に向かって進軍しているためと気づいたカムヤマトイハレビコは、いったん軍を退却させることにした。陣を立て直す間に、このときの傷が元でイツセは命を落とした。

日を背にして戦うため彼らは天の磐盾からまた船に乗ったが、海は大荒れ。カムヤマトイハレビコの兄・**イナヒ**と**ミケイリ**は

「俺たちは天の神の子孫、母は海の神の娘なのに、どうして陸でも海でもこんな災難に遭わなきゃならないんだ！」

と憤り嘆いて海へ入った。兄を全員失ったカムヤマトイハレビコは、息子たちとともに船を率いて進軍し熊野の荒坂の津に上陸したが、悪い神の毒気にやられ、兵たちは意気消沈。そこへ天の神のお告げを受けた**タカクラジ**が天から預けられたという剣をもって、やって来た。剣の力で彼らは力を取り戻し、進軍を開始した。大和への道案内は、アマテラスの使いだという八咫烏[2]が務め、一行は無事に険しい山を抜けることができた。行軍中、自らカムヤマトイハレビコの元へはせ参じて従う国神[3]もあったが、「ここは俺たちが治め

2 八咫烏
やたがらす

ご存じ、全日本サッカーチームのシンボルマークに使われている鳥。カムヤマトイハレビコ軍を勝利に導いた、縁起の良い鳥なのだ。

る土地だ！」と抵抗する者も少なくなかった。中でもヤソタケル④と呼ばれる勇猛果敢で知られる部族の抵抗はすさまじく、カムヤマトイハレビコの軍はかなりの時間を費やしたが、激闘の末これを平らげることに成功した。

そして因縁の相手・ナガスネビコと再び戦うことになる。兄・イツセがナガスネビコとの戦いで負った傷が元で死んだことに激しく憤り、カムヤマトイハレビコは「あいつら絶対、全員皆殺し！」くらいの気持ちだった。猛攻をかけるカムヤマトイハレビコ軍に、ナガスネビコは使いを送った。

「昔、天の神のお子様・**クシタマニギハヤヒ**様が降臨され、この方が私の妹を妻とし、二人の間に姫も生まれている。我々はクシタマニギハヤ様を君主と崇めている。あんたは自分が天の神の子どもだと勝手に名乗っているだけで、我々の国を奪いに来たのだろう」

ナガスネビコにはナガスネビコの言い分があったのである。カムヤマトイハレビコとクシタマニギハヤはお互いに天の神の子である証を出し、どちらも天の神の子である証を立てた。ナガスネビコはカムヤマトイハレビコが偽物でないとわかったが、今までのことを悔い改め、軍を引く気にはならない。クシタマニギハヤは天の神に一番大事にされているのは天孫・カムヤマトイハレビコであることを知っていた。そこで軍を引こうとしないナガスネビコを殺し、軍を引いてカムヤマトイハレビコの家来になった。

こうして大和の国を平定したカムヤマトイハレビコは、豊葦原の瑞穂の国の中央であるこの地に宮殿を築き、天下を治める位に就いて都を開くことにした。

③ **国神** くにつかみ

天界（高天原）に住む神ではなく、地上に住む神。

④ **ヤソタケル**

80人にも及ぶ勇猛な戦士の一族。女性だけで構成される「女軍（めいくさ）」と男だけの「男軍（おいくさ）」があり、これを使い分けてカムヤマトイハレビコ軍と戦った。

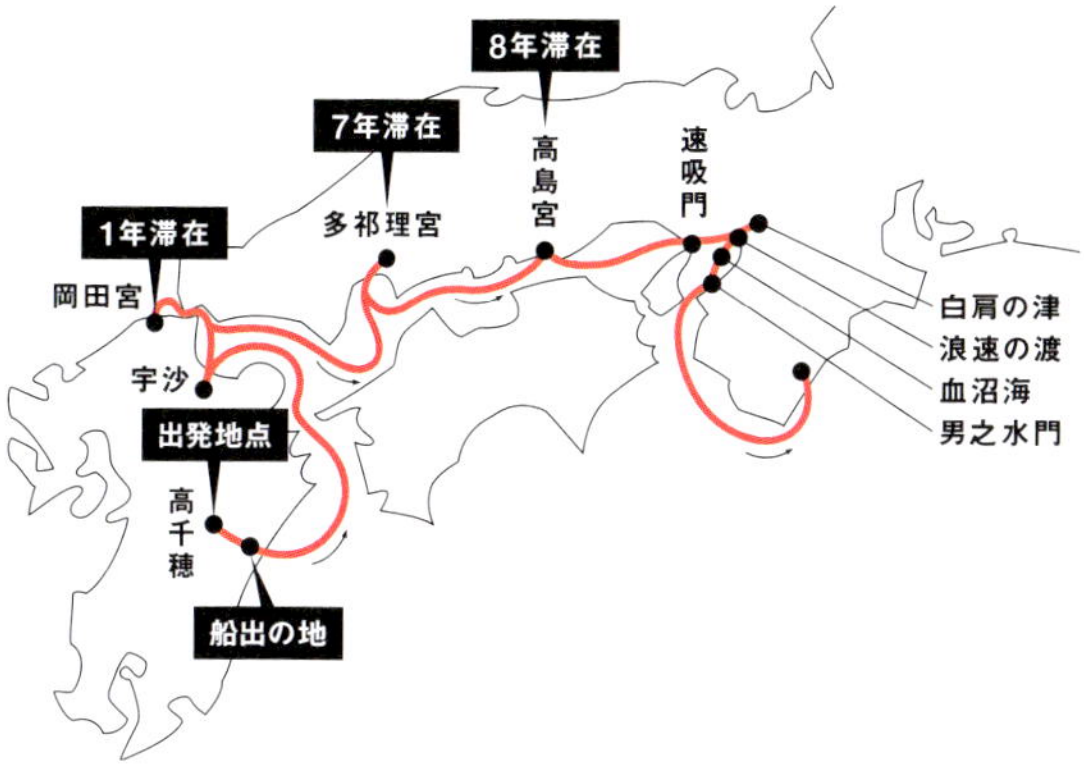

神武天皇の東征マップ

東征の出発地点は日向の高千穂。そこから北上し、豊国の宇佐にて逗留。次に筑後の岡田宮に1年、安芸国の多祁理（たきり）に7年、吉備（きび）の高島宮に8年滞在するという、実に長期間に及ぶ一大遠征だった。

関連する神社を訪ねてみよう

熊野速玉《くまのはやたま》大社

主祭神
熊野速玉大神《クマノハヤタマノオオカミ》・熊野夫須美大神《クマノフスミノオオカミ》

熊野三山のひとつで全国数千社の熊野神社の総本宮。景行天皇の時代に神倉山から現在の場所に遷った。主祭神の熊野速玉大神とはイザナギ、熊野夫須大神はイザナミのこと。富貴隆昌、良縁など。

data 住所：和歌山県新宮市新宮1番地
Tel：0735-22-2533

橿原《かしはら》神宮

主祭神 神武天皇

明治時代に神武天皇を景仰して民間有志からの請願によって神宮創建された。約50万㎡もの広大な神域をもち、檜皮葺（ひわだぶき）で素木（しらき）造りの本殿と神楽殿は圧巻。玉砂利の参道が木々の緑と調和して厳かな雰囲気。

data 住所：奈良県橿原市久米町934
Tel：0744-22-3271

熊野《くまの》大社

主祭神
加夫呂伎熊野大神櫛御気野命《カブロギノクマノオオカミクシミケヌノミコト》

「出雲國風土記」「延喜式神名帳」に表記され、出雲大社と並ぶ出雲の国の大社として遇された。主祭神はスサノオ。殖産興業・招福縁起・厄除けのご利益の大神として信仰が深い。境内にはイザナミなどを祀った神社もある。

data 住所：島根県松江市八雲町熊野2451
Tel：0852-54-0087

古事記との違い

カムヤマトイハレビコの3人の兄たちについて、古事記では敵の矢を受けて負傷し、死んでしまった長兄・イツセのことだけが書かれているが、日本書紀では他の2人の兄についても記述があり、なぜ死んだのかがわかるようになっている。荒れた海を鎮めるために、自ら海に入るというパターンは、ヤマトタケルの妻・オトタチバナヒメにも見られる。イナヒは剣を抜いて自ら飛び込み、ミケイリは「浪の穂を踏んで常世の国に去った」とされる。

第2章

09

崇《す》神《じん》天皇、オホモノヌシを祀る

まだまだ国は安定せず、地方へと部下を派遣し全国平定に努める崇神天皇。彼の危機を救った大叔母は、三輪神社に祀られる神・オホモノヌシの妻だった。

ヤマトトモモソヒメ
——という巫女がいた
早口言葉じゃないのよ
ヒメのもとには毎夜ある男性が通ってきていた。
オホモノヌシさま。お会いしとうございました
ヤマトトモモソヒメ
しかし…
明るくなる頃にはいつも帰ってしまう彼…。
さみしい…

なぜ夜しか会うことができないの？いつも暗い中ばかり
じゃあ今日は帰らないよ。
君の櫛笥の中にいるよ。でも…ボクの姿を見ておどろかないでね。
？
よいしょ
・・・。
朝、箱をあけてみると―
ぎゃっ
ヘビー!!
わ～っごめんなさいっちょっとビックリしちゃって―
恥かいた～、
まって～、
ピュー
ショックのあまりその場に座りこんだヒメ。
しかし、そこには…
箸がありそれが女陰にささり…死亡。
いたっ
ブスッ

解説

少女の歌が告げる、裏切り者に死を！

歌に、夢に現れるお告げをいち早くキャッチ。国の安定のためにまだまだ戦いは続く。

崇神天皇の時代に、都に疫病が流行り、人心が乱れた。このとき天皇の大叔母・**ヤマトトモモソヒメ**が神のお告げを訊いた。これは神である**オホモノヌシ**の祟りであり、自分を祀れば、祟りは収まるという。そこで三輪神社に祀られるオホモノヌシに捧げる神酒を司る役に、**イクヒ**という者を任命。オホモノヌシが夢のお告げで「彼に祀らせよ」と言った**オホタネヒコ**を探し出して、オホモノヌシを祀らせた。このおかげで国に蔓延していた疫病はおさまり、祟りは鎮められた。

崇神天皇は**オホビコ**を北陸道へ、**タケヌナカハワケ**を東海道へ、**キビツヒコ**[1]を西海道へ、**タニハノミチヌシ**を丹波に派遣。彼らを将軍に任命し、天皇に従わない場合は討ち果たすように命じた。

オホビコが和珥《ワニ》の坂に着くと、そこで少女が歌っていた。

「御間城《みまき》入彦《いりびこ》はや

用語解説

KEY WORDS ←

1 キビツヒコ

吉備津彦

昔話で有名な「桃太郎」のモデルと言われる人物。

おのが命を死せんと窃まく知らに
姫遊びすも」
（日の神の子・**ミマキイリビコ**[2]は、悪者に命を狙われているのも知らないで、女たちと遊んでばかり）

　これを耳にしたオホビコが
「おい、今何と言った？」
とその意味を問うと、少女は
「言ったんじゃないわ、歌ったのよ」
と、もう一度同じことを歌ったかと思うと、かき消すように姿が消えてしまった。不吉な予感を覚えたオホビコはすぐさま大和へとって返し、天皇にこのことを報告した。ヤマトトモモソヒメは、とても物知りで賢く、未来を予見することもできたので、この少女の歌の意味をたちまち解いた。
「大変！　これは**タケハニヤスヒコ**が朝廷に背こうとしているというしるしですよ。彼の妻の**アダヒメ**が、こっそり大和の香具山の土を取り『これは大和の国の、ものの種』と呪いの言葉を祈って帰ったと聞きます。早く手を打たないと！」

　タケハニヤスヒコはオホビコの異母兄弟。天皇が将軍を集めて話し合っているうちに、タケヤスヒコとアダヒメは挙兵。夫は山城から、妻は大坂から攻めてきた。天皇軍はまずアダヒメの軍を討ち、アダヒメをはじめ兵を皆殺し[3]にした。**景行《けいこう》天皇**はオホビコとヒコ

2 ミマキイリビコ
御間城入彦
崇神天皇のこと。

3 皆殺し
前章のカムヤマトイハレビコも、兄の死の原因をつくったナガスネヒコの軍を皆殺しにしようとする。現代の感覚では残虐とも思えるが、怒りの強さ、軍の強さを示すための表現かもしれない。

フニフクをタケハニヤスヒコ討伐に差し向ける。タケハニヤスヒコはヒコフニフクに射殺され、彼の軍も敗退、兵の半数は首を切り落とされた。こうして反逆は失敗に終わった。

この後、天皇の大叔母・ヤマトトモモソヒメは、オホモノヌシの妻になった。だがオホモノヌシは夜に通ってくるだけ。ヒメは

「昼に来てくださらないから、あなたのお顔が見られないわ。もっとゆっくりしていって！　お願い〜」

と頼む。するとオホモノヌシは

「う〜ん、それもそうだな。じゃあ明日、お前の櫛箱の中に入っているからね。でも私を見て、驚いたらいやだよ」

と、頼みを聞いて昼もそばにいてくれることになった。

「櫛箱の中……？？」

不思議に思ったヒメは朝になるのを待って箱を開けてみた。なんと中にいたのは小さくて美しい白蛇[4]！　ヒメはびっくりして思わず大声をあげる。するとオホモノヌシはたちまち人の姿になった。

「お前は『驚くな』と言ったのに、私の姿を見てぎゃあぎゃあわめき、私を恥ずかしい目に合わせた。私は帰る！」

オホモノヌシは三輪山へ帰ってしまった。ヤマトトモモソヒメは後悔の念に駆られ、その場にしゃがみ込む。そのはずみで箸が身体に突き刺さり[5]、ヒメは死んでしまった。

4 白蛇
日本の神社では白い生き物がご神体（地上での神の姿）や神の使いというところが多い。白蛇や白鹿、白鷹などがある。

5 箸が突き刺さる
突き刺さった場所は女陰。古事記では天界でスサノオが暴れたとき、機織りの乙女が、やはり女陰を突いて死んでいる。

古事記の記述
日本書紀の記述
ヒコイマス
崇神天皇の弟で軍を率いて丹波に派遣。クガミミノミカサを打ち破る
キビツヒコ
孝霊天皇の子で吉備氏の祖先。西海に派遣され、吉備国一帯を平定する
オホビコ
北陸道を進軍し、謀反を起こした兄のタケハニヤスヒコを打ち破る
タケヌカナハワケ
オホビコの子。東海道を進軍し、東国十二国の平定を成し遂げる
北陸
丹波
関東
東海
吉備
倭
(大和)

崇神天皇の将軍派遣

崇神天皇は「四道将軍」といわれる4人の将軍を派遣した。『日本書紀』では西海（西海道）へキビツヒコが派遣されているが、『古事記』ではこの物語の中ではなく、単独のエピソードとして紹介されおり、記紀で記述が異なることがわかる。

三輪山

奈良県桜井市にある三輪山にオホモノヌシが祀られている。山全体がご神体であるため、拝殿のみで社殿をもたない大神神社が鎮座する。農業・工業・商業など産業発展のご神徳が深く、さらに家内安全や厄除けなどのご利益がある。

data 住所：奈良県桜井市三輪 大神神社
Tel：0744-42-6633

欠史八代の記録

第2代 綏靖《すいぜい》天皇（カムヌナカハミミ）
政務を行った場所：葛城の高岡宮（御所市）
享年：45歳

第3代 安寧《あんねい》天皇（シキツヒコタマテミ）
政務を行った場所：方塩の乳孔宮（大和高田市）
享年：49歳

第4代 懿徳《いとく》天皇（オホヤマトヒコスキトモ）
政務を行った場所：軽の曲峡宮（橿原市）
享年：45歳

第5代 孝昭《こうしょう》天皇（ミマツヒコカヱシネ）
政務を行った場所：掖上の池心宮（御所市）
享年：93歳

第6代 孝安《こうあん》天皇（オホヤマトネコヒコフトニ）
政務を行った場所：室の秋津嶋宮（御所市）
享年：123歳

第7代 孝霊《こうれい》天皇（オホヤマトネコヒコフトニ）
政務を行った場所：墨田の廬呂宮（田原本町）
享年：106歳

第8代 孝元《こうげん》天皇（オホヤマトネコヒコクニクル）
政務を行った場所：葛城の高岡宮（御所市）
享年：45歳

第9代 開化《かいか》天皇（ワカヤマトネコヒコオホビビ）
政務を行った場所：春日の率川宮（奈良市）
享年：63歳

古事記との違い

古事記には、オホモノヌシを祀るよう指名されたオホタネヒコについて、彼の祖先の話が語られている。オホタネヒコの祖先にイクタマヨリビメという美女がいて、彼女の元に通ってくる男がいた。妊娠したイクタマヨリビメは男の正体を突き止めようと、両親に相談。帰る男の衣に、糸巻きの麻糸をこっそりつけ、翌朝その糸を辿っていって見ると、なんとオオモノヌシであった。古事記では崇神天皇の大叔母ではなく、オホタネヒコの祖先と結婚していたのだ。

第2章

10 景行《けいこう》天皇、ヤマトタケルの親子鷹

引き続き全国平定を進める大和朝廷。だが地方には強い部族がたくさんいて、なかなか思うように支配は進まない。景行天皇は息子とともに、剣をとって戦う！

カ〜
逃げ場がない〜〜っ
火が〜。
絶対絶命!!
あち
ゴゴゴゴ
ボーッ
そうだ!!くさなぎの剣!!
剣で火を払うと
あら不思議。
火の向きが変わり――
炎は相手のちへ――
ビュー
わ〜〜っ
あちち
ふ〜〜っ
助かったぜ。
ヤマトタケルの冒険はまだまだつづく!!

解説

父の夢を一緒に見た息子は……

「息子よ、頼む！」「任せろ、オヤジ！」西へ東へヤマトタケルはぐんぐん進む

景行天皇は、先代までの天皇と同じく、大和朝廷による全国平定に尽力していた。九州のクマソが朝廷に従わず貢ぎ物をもってこないので、景行天皇は自ら剣をとって征伐に向かった。いくつかの周辺部族を倒した後、いよいよ九州最強といわれる**クマソタケル**との戦いに臨む景行天皇。しかし相手は音に聞こえる最強軍団。まともに当たればこちらも被害甚大になる。そこで天皇はクマソタケルの2人の娘・**イチフカヤ**[1]と**イチカヤ**に贈り物をして手なずけると、姉のイチフカヤに

「キミはホントに可愛いなあ、大好きだよ。愛してるんだ」

と心にもない愛をささやき、恋の虜にしてしまった。その言葉を信じたイチフカヤは

「私に兵を一人か二人貸して。クマソをあなたに従えるよい考えがあるわ」

と天皇の兵を連れて家に帰り、父であるクマソタケルに強い酒を飲ませて酔いつぶしたあげく、兵に父を殺させたのだ。

用語解説 KEY WORDS ←

1 イチフカヤ
市乾鹿文

妹はイチカヤ（市鹿文）。美人で気が強い姉妹。天皇はイチフカヤを殺し、イチカヤを家来のヒノクニノミヤツコに与えている。命じていないとはいえ、女をだまして父殺しをさせ、それでいいのか!?

「俺、そこまでしてくれって頼んでないぞ！」

景行天皇は父殺しのイチフカヤを恐ろしく嫌い、殺してしまった。天皇は九州を平定して都へ帰った。

いったんは大和朝廷に従う形になったクマソだが、またすぐに勢力を盛り返し反乱を起こすようになった。景行天皇は今度は息子の**オウス**（2）に征伐を命じた。当時16歳、紅顔の美少年だったオウスは女装をして、クマソの新たな大将となっていた**カワカミノタケル**の宴会に潜り込み、すきを突いて彼を討った。死の間際、カワカミノタケルはオウスの知略と勇気を褒め称え、**ヤマトタケル**と名乗るように勧めて死んだ。

クマソを平らげて、オウス改めヤマトタケルが都に戻ると、今度は東国の**エミシ**が朝廷に背いていた。オウスの兄・**オオウス**を討伐に差し向けてはどうかという案が出たが、まだ正式に命じられもしないうちから、オオウスは震え上がって隠れてしまった。景行天皇はあきれて、オオウスを美濃を治めるように任じて遠ざけた。エミシ征伐は、クマソ征伐から帰ったばかりのヤマトタケルが、

「オヤジ、帰ったばっかりで疲れてるけど大丈夫、俺が行ってやっつけてくるぜ！」

と勇ましく請け合ったので、景行天皇も

「お前は姿も立派だし、武人としても最強。我が子ではあるが、私が無事に国を治めるために天から遣わされた神も同様だ。がんばってくれ！」

と励まして送り出した。

2 オウス
小碓

兄の大碓とは双子の兄弟。カワカミノタケルに名を問われたときは「ヤマトオグナ（日本童男）」と名乗っている。カワカミノタケルに「ヤマトタケル（日本武皇子）」の名をもらう。

3 草薙の剣
くさなぎのつるぎ

スサノオがヤマタノオロチのしっぽから見つけ、アマテラスに送った剣。

ヤマトタケルは途中で伊勢神宮に寄り、叔母に挨拶して草薙の剣[3]を授かった。駿河で賊にだまされたヤマトタケルは、草原のど真ん中で回りから火をかけられ逃げ場を失うというピンチに陥ったが、この剣で草をなぎ払うとあら不思議、急に風向きが変わって火は賊を襲って焼き殺してくれたのだ。さらに船で東へ進む[4]ことになったが、海が大荒れになって船は漂流。今にも沈みそうになってしまった。ヤマトタケルの妻・**オトタチバナヒメ**が海神の怒りを静めるために自ら海へ飛び込むと、海は静まり、船は無事に岸に着いた。

ヤマトタケルと対峙したエミシはその神々しさにうたれ、戦わずして降伏。難なく彼らを従えたヤマトタケルは、行きに通った東海道ではなく、信濃を通るルートで都を目指し、途中途中で朝廷に従わない部族を平らげながら帰って行った。だが都を目前にした尾張の伊吹山で神の怒りを買い、重い病気にかかり都に戻れないまま死んでしまう。家来からそのときの息子の様子を聞き、景行天皇は

「クマソの反逆を征伐しに行ってくれたときはまだ総角[5]の少年だったのに、父親の私をよく助けてくれた。エミシの反乱も、他に行く者がいないからと行ってくれた。無事に帰る日を待ちわびていたのに、旅の途中で淋しく死んでしまったなんて……かわいそうなオウス！　もう今後、私は誰とこの国を平和に治めていけばいいんだ」

とむせび泣いた。何年経っても悲しみは癒えず、景行天皇はのちにヤマトタケルが平定した東海道を巡幸し、息子の面影を偲んだ。

---

4 船で東へ進む

ヤマトタケルが海を見て「こんな小さい海、跳んで渡れるぜ」と大言壮語したため、海神の怒りを買い嵐にあう。のちに伊吹山でも大蛇に姿を変えた山の神を「コイツは神の使いだ。山の神を殺すんだから、お使いぐらいたいしたことないぜ」と踏んづけたため、病気にかかって死ぬはめに。たとえ英雄でも、調子に乗ると痛い目に合うのだ。

5 総角《あげまき》

左右に分けた髪を耳の上で丸く巻く髪型。子ども用。

ヤマトタケルの遠征と景行天皇の旅

古事記の中では、景行天皇とヤマトタケルの不仲な様子が描かれているが、日本書紀ではヤマトタケルの死を悲しみ彼の業績をたどる旅に出ている。倭国を出発し、ヤマトタケルが生涯を終えた能煩野（のぼの）を通り、上総まで行っている。

相模湾

ヤマトタケルが東征の際、船で渡ろうとした走水の海（浦賀水道）。海峡の神が嵐を起こしたことで、ヤマトタケルの船は進まない、そこで海神を鎮めようとオトタチバナヒメは荒れ狂う海に身を投じた。その後、海は穏やかになり、ヤマトタケルと船を進めることができたのだ。

関連する神社を訪ねてみよう

走水《はしりみず》神社

主祭神 神武天皇

ヤマトタケルが東征の途中、自分の冠を村人に与え、それを納めるために建てられた神社。オトタチバナヒメが海に身を投じて、海岸に流れ着いた櫛を納めた橘神社は、明治18年に走水神社境内に移された。

data
住所：神奈川県
横須賀市走水2-12-5
Tel：046-844-4122

古事記との違い

古事記では、景行天皇のものになるはずだった娘をオオウスが横取りしたのが原因で、父の呼び出しに応じないオオウスを、オウスが迎えに行き、問答無用でオオウスの手足をもいで簀巻きに。父はオウスの蛮行を恐れて遠ざけようと、次々戦場へ送り出したことになっている。しかし日本書紀では娘横取りの一件は同じだが、オウスがオオウスに乱暴を働いたことはなく、父に対しては良き孝行息子として描かれ、二人の間には深い愛情と強い絆があったことになっている。

第2章

11

神のお告げで海を渡る神功皇后

「私は祀れば海の向こうの素晴らしい国が手に入る」神のお告げを疑い急死した夫に代わって、身重の神功皇后は兵を率いて九州へ。お告げに従い、いざ、ヨーソロ〜。

西の方向にある〜…
国を〜…
西!?
やっぱり西に!!
神さまの教えは
本当なんだ!!
お告げにしたがって軍を率い
西の海へこぎだす
妊婦・神功皇后だった〜
いくぞ〜っ
そのお腹の子が
この国を
治めるとよいぞよ
お〜っ
お〜っ
かっこいい
な〜

解説

女の細腕で海外派兵を成功に導く

神功皇后はお腹の皇子とともに、海を渡って新羅へ派兵
神のお告げに従えば女にだってできちゃうのよ！

度重なる**クマソ**の反乱に頭を悩ませていた**仲哀《ちゅうあい》天皇**に、神は皇后に託してお告げをもたらした。

「クマソが従わないことに、そこまでこだわることはない。あそこは大してよい土地ではないから、戦ってまで手に入れるほどのことはなかろう。それよりも、海の向こう[1]に金銀財宝がたくさんある、素晴らしい国がある。新羅《しらぎ》という国だ。私をしっかりと祀れば、武力を使わずにその国を従えることができるだろう。そうなればクマソも従うだろう。祀る際には、天皇の船と水田を供えなさい」

しかしこれを聞いた仲哀天皇は信じなかった。高い山に登って海の向こうを眺めたが、国なんてまったく見えない。

「今まで代々の天皇がしっかり国中の神々をお祀りしているから、もうお祀りされてない神なんていないはず。どこかのあぶれ者の神が『お宝があるよ～ん』と私をだまして、た

用語解説 KEY WORDS ←

1 海の向こうの国

朝鮮半島の国々のこと。四世紀当時は北部の高句麗、東南部の新羅、西南部の百済、南の任那があり、それぞれが朝鮮半島の派遣を狙い、しのぎを削っていた。これに大和朝廷も一枚加わっていたのだ。日本書紀に書かれていることは、史実そ

だ単に自分が祀ってほしいだけなんじゃないですか？」

と神に文句を言うと神はキーッと怒った。

「こっちは天から見てて、ちゃんと見えてるから『国がある』っていってるのに、疑うとは何ごと!? お前みたいなやつに国を治められるか！ 今、皇后のお腹の中にいる皇子が国を治めるべきだ！」

神の言葉を疑った❷仲哀天皇は急に病気になり、翌日死んでしまった。妻の**神功皇后**は「今、天皇が死んだことを発表すると、世が乱れるかも」と、大臣たちと相談してこの死を隠すことにした。改めてお告げを聞きその通りに神を祀る。臨月を迎えたお腹の子が、すべて終わってから生まれるように祈ってから、海の向こうへ兵を率いて船出した。大きな魚が大挙して船を運び、船は波に乗って瞬く間に新羅へ着く。その波は陸の上にまで及び、新羅王が驚いているうちに、神功皇后の軍船が新羅に押し寄せた。

「え、何このすごい軍隊……あ、東にすごい国があって、たしか日本というとか……きっとこれはその国の神の兵士だ。これと戦うのはいやだな」

新羅王は戦わずして神功皇后の軍を恐れ、自ら献上品を出すことを約束する。新羅王が日本に降ったときいて、その隣国である高麗《こうらい》と百済《くだら》も贈り物を出すと誓い、神功皇后はお告げの通り、血を流さずして海の向こうの宝を手に入れることができた。

日本へ帰って無事に皇子・❸**ホムタワケ**を生んだ皇后は、軍を率いて都へと向かった。しかしこの皇子の異母兄にあたる**カゴサカとオシクマ**が、

のままではないので要注意。

❷ 仲哀天皇の死

国が乱れることを恐れ、仲哀天皇の死は秘められ、いったん豊浦宮（とゆらのみや）で仮葬された。その後新羅を討って戻った神功皇后とともに、遺体は豊浦宮から運び出されて都へ戻り、正式に埋葬された。

「へっ、神功皇后が生んだっていったって、俺らには弟じゃん！　赤ん坊の弟なんかに従えるかよ！」

と王位簒奪《さんだつ》を企て、皇后一行の帰りを待ち伏せしていたのだ。この情報をキャッチした神功皇后は大臣の**タケウチノスクネ**を征伐に送り、自分たちは別ルートで都へ戻った。タケウチノスクネは武装放棄するふりをして異母兄の皇子たちをだまし、彼らが武器を捨てたところを隠していた予備の武器で討ち取った。

その後、神功皇后はホムタワケを皇太子にたて、これを養育しながら政治を行った。だがいったん降伏したものの、新羅は贈り物を怠ったり、隣国の百済に争いを仕掛けたりしている。皇后は百済の要請を受け、**アラタワケ・カガワケ**という将軍2人を新羅に送り、百済を助けて新羅を攻めた。この戦いで周辺の小さい国々も平定し、今回も神功皇后軍は新羅を打ち破ることができた。このこともあって百済と日本の親交は深まり、毎年珍しい物を贈ってくる百済に対し、皇后は

「百済との親交は人為的なものではなく、神のお告げからはじまったまさしく天の賜り物ね。彼らの誠意の尽くし方を見て、私、本当にうれしいわ。私が死んだ後も、この百済との絆は大切にしなければなりませんよ」

と喜び、百済から贈り物をもってきた使者が帰る際に、日本からも友好の使者を遣わすこともあった。百済王も子や孫に、新羅に攻められて困っていたときに、日本が兵を出してくれたことを伝え、その恩を忘れず親交を深めるようにと語った。

③ カゴサカとオシクマ

麛坂・忍熊

2人は王位簒奪を企てた際、狩りに行って「この企てがうまくいくなら、きっと今日はよい獲物が獲れるはず」と吉兆を占ったところ、赤い猪が飛びだしてきて麛坂（カゴサカ）は食い殺されてしまった。この不吉すぎる出来事にもかかわらず、忍熊（オシクマ）は企てをやめなかったが、案の定、彼が天皇になることはなかった。

魏から邪馬台国への経路と検証

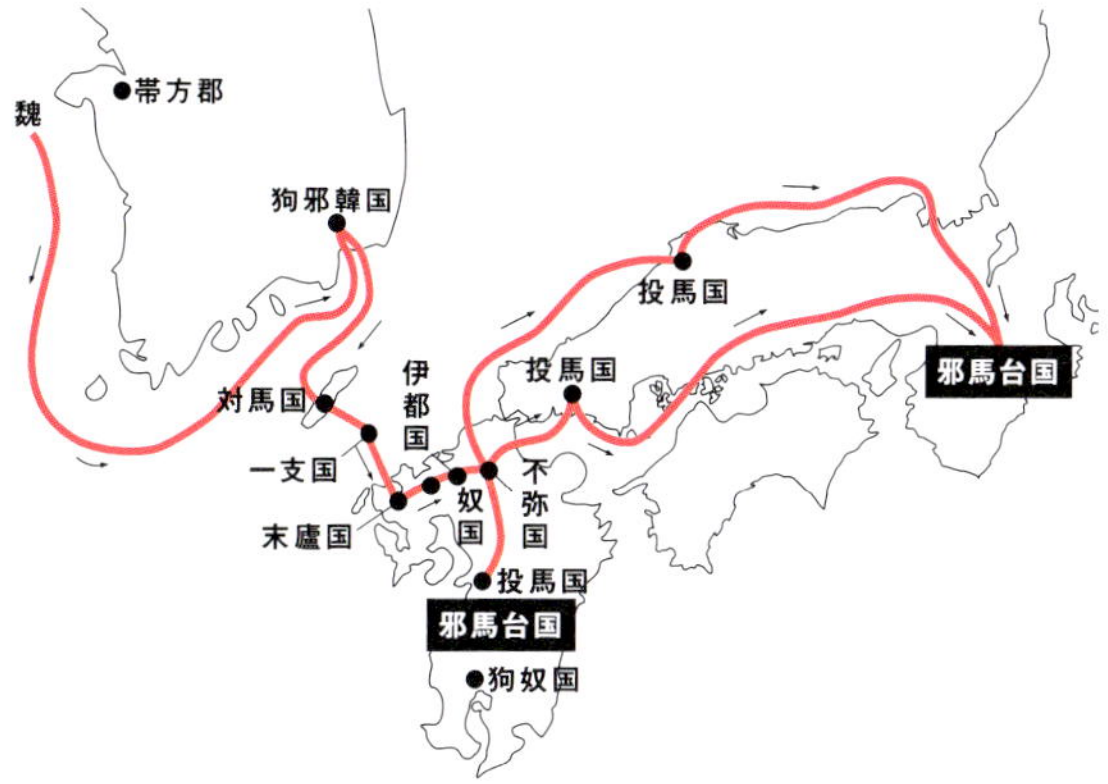

邪馬台国は大和or九州どっちにあった?

邪馬台国の所在地はいまだに解明されていないのは、魏から邪馬台国までの行程を記述通りに進むと九州より南の海に出てしまうためだ。大和とする場合には記述が間違っていて方角を変える必要性がある。依然として決め手はなく謎は深まるばかり。

吉野ヶ里遺跡

佐賀県神埼郡の旧神埼町・旧三田川町・旧東脊振村（せふりむら）の3町村にまたがる日本最大の弥生遺跡。大型墳墓が発掘されたときには邪馬台国の卑弥呼の墓では!? と注目され、邪馬台国九州説を活気付けた。現在は復元整備され公園となっている。

data 住所：佐賀県神埼郡吉野ヶ里町田手1843
Tel：0952-55-9333

関連する神社を訪ねてみよう

志賀海神社

主祭神 神武天皇

海神（ワタツミノカミ）の総本社・龍の都として称えられる古社。神功皇后が対馬で鹿狩りをしたときの角が1万本以上奉納したことが起源とされ、その他にも神功皇后の伝説を多く残している。

data
住所：福岡県福岡市東区志賀島877
Tel：092-603-6501

古事記との違い

古事記の中に神功皇后の記述はしっかりあるが、夫である仲哀天皇の章に入れられている。日本書紀では神功皇后だけで独立した章が立てられている。また古事記では新羅や百済とのやりとりはあまり詳しく書かれておらず、特に再度の新羅出兵にはまったく触れていない。日本書紀の朝鮮半島に関する記述は、「魏志倭人伝」を参考に書かれていると思われる部分が多々ある。実際圧勝したかはともかく、大和朝廷が朝鮮半島情勢に非常に関心をもっていたことが伺える。

主な登場人物のことをもっと知ろう 01

まずは2章で登場した人物を紹介しよう。
同じ人物でも古事記との性格の違いにも注目。

ニニギのひ孫が初代天皇に

▶ 神武天皇

天孫ニニギのひ孫。チャレンジ精神が旺盛で天下を治めるため兄弟で東征に向かう。前向きで苦難に出くわしてもひるまないため、周囲に慕われるリーダータイプ。

聡明で勘が鋭いがうっかり事故死

▶ ヤマトトモモソヒメ

第10代崇神天皇の叔母で、天皇のピンチを助けるという聡明なヒメ。オオモノヌシの妻になるが、彼を怒らせたときにはずみでうっかり事故死。邪馬台国の卑弥呼説もある。

勇敢な永遠のヒーロー

▶ ヤマトタケル

古事記では兄を殺したとして凶暴なキャラクターとして登場したが、日本書紀ではそのエピソードはなく、勇敢なヒーローとして描かれている。親子像の描写も異なる。

行動力があり 子思いの天皇

景行天皇

第12代天皇。全国平定のために自ら戦う行動力をもつ。古事記では息子のヤマトタケルの凶暴さに引き気味だったが、日本書紀では親子関係もよく、子思いのキャラ。

甥っ子思いの 優しいヒメ

ヤマトヒメ

ヤマトタケルの叔母。本書では一瞬しか登場しないが、ヤマトタケルの東征の際に使っている草薙の剣は、ヤマトヒメが授けたもの。伊勢神宮創建の立役者でもある。

妻がすごすぎた! 「神功皇后のダンナ」

仲哀天皇

ヤマトタケルの子。「神功皇后のダンナ」という脇役的なイメージが強い。父の死を偲んで諸国に白鳥献上を命じるも、弟がそれを奪ったため誅殺したという説も。

ニッポンの ジャンヌ・ダルク

神功皇后

第14代仲哀天皇の后。夫の死後、妊娠中にもかかわらず自ら指揮をとり、新羅遠征へ向かうという男らしい性格を兼ね備えている。神功皇后にも卑弥呼説がある。

第3章

12 民のために尽くした仁徳《にんとく》天皇

心優しく、庶民の苦しみを我が苦しみとした仁徳天皇。
そんな彼の優しさが裏目に出て、女たちが不幸になるとは……

ガーン
なんと!! そんな事になっていたとは全く知らなんだ。わしは… わしは…
よしっ これより3年、民に税金を課したり
宮殿のために働かせてはならぬ。
自分たちの生活をたてなおすのが先決じゃ!!
みかど自ら…
ボロを〜
そして3年…
おおっ 民の釜から煙りがっ
みかどのおかげですっ

解説

民が飢えるなら、私もともに飢える

前方後円墳という、鍵穴みたいな形で有名なあの巨大な古墳 慈愛深き天皇は、多くの民から慕われた

仁徳天皇は**応神天皇**《おうじん》の四男坊。父である応神天皇はたくさんいる子どものうちでも、年若い**ウジノワキイラツコ**が可愛かったので、彼を跡継ぎと決め、賢く優しい仁徳天皇（当時は**オオサギ**）にその補佐を頼んでいた。応神天皇の死後、ウジノワキイラツコは「父に愛されただけで能力のない自分が天皇になってはいけない」と、オオサギに天皇になるように勧めた。だがオオサギは「父はキミの優れたところを認めて、次の天皇に指名したんだ。その父の命に背くことはできない」と固辞。そんな譲り合いをしているうちに「それなら俺が……」とのさばろうとする輩も現れ、とうとうウジノワクイラツコは自ら命を絶って、オオサギに天皇になってくれるよう頼んだ。

仁徳天皇は即位の際も、宮殿の外壁の塗り替えや屋根の葺き替えなどリフォームをせず、飾り付けもしなかった。それは自分のために人民が機を織ったり畑を耕す時間を無駄にしてはならないと思ったからだった。ある日、天皇が高殿から下を眺めると、食事の支度を

用語解説 KEY WORDS

1 ウジノワキイラツコ 菟道稚郎子

漢字は違うが、音の通りこれはハエの子どもである「ウジがわく子」という気持ち悪い意味。本名ではなく、ウジがわくような賤しい子＝跡継ぎと決められたわけではない仁徳天皇が取って代わったのも当然、という

しているであろう時間だというのに、人々の家から煙があがっていない。これは、みんな貧しくて、まともな食事がとれないということかと察した天皇は、

「今後三年間、すべての税金はとりません」

というお触れを全国に出した。この日から天皇自身も、衣や履物は破れるまで使い、食べ物は腐ってなければ捨てないという窮乏生活に耐えた。やがて宮殿の塀は壊れ、屋根の萱はスカスカになってきた。雨風が漏れるので室内にいるのに濡れて寒い、夜は部屋の中で星が見えるほどみすぼらしくなった宮殿で、仁徳天皇は庶民のために耐えた。幸い天候にも恵まれて五穀豊穣が続き、三年後には庶民の暮らしはだいぶ楽になった。三年経つと

「おかげさまでみんな生活が楽になりましたので、税をお払いします。こんなによくしてくださった天皇のお住まいをボロボロのままにしておいては罰が当たります」

と申し出があったが、天皇はそれを断ってしまった。天皇が宮殿の修繕のために人々を集めたのは、さらに三年経ってからのこと。人々は呼ばれなくてもどんどん集まり、老人から子どもまで天皇のために喜んで昼夜なく働いたので、あっという間に立派な宮殿が出来たのだった。このほか、天皇は治水工事なども行い、人々が安心して暮らせるように、いつも気を配っていた。

そんな心優しき仁徳天皇は、皇后をとても大事に思っていたが、他にもいろいろ気になる女性がいた。ある日、皇后に

「あの……**ヤタノヒメミコ**[2]を后として宮殿に迎えたいな～なんて思ってるんだけど」

ことを表しているのだ。天皇を初めとした権力者にとって不都合なことをした人に、賤しい名前をつけるのはよくあることで、生まれもったよい意味の名を取り上げ、無理矢理、改名させることもある。

2 ヤタノヒメミコ

八田皇女

仁徳天皇が皇后に「后にしたい」と言ってから、皇后の不在をいいことに宮殿に連れ込むまで約八年のブランクがある。その間も思い続けていたのだとすれば、これも純愛か……。

と相談したが、当然皇后の答えはノー！　そこで「お前の予備として、お前の都合が悪いときだけ会うんだからいいでしょ？」という歌をつくっておねだりしたが、皇后は「衣なら二枚重ねもいいけれど、夜床を（寝る女を）二つ並べるなんて、まあイヤだ！」とぴしゃり。あきらめ悪く何度かねだったが、皇后は怒って黙ってしまった。その皇后が泊りがけで熊野岬まで出かけ、柏の葉[3]を採りに行った隙に、仁徳天皇はヤタノヒメミコを宮殿に連れ込んだ。難波まで船で帰ってきていた皇后は、これを聞いてキーッとなり、採ってきた柏の葉を海に投げ捨て、難波には泊まらずに行ってしまった。ばれたとは知らずに難波で皇后の船を待っていた仁徳天皇は、慌てて家来に追いかけさせて皇后を連れ戻そうとしたが後の祭り。皇后は天皇の家来を振り切った後、山城に住まいをつくって別居生活に入った。天皇の使いが来ても徹底無視を貫き、絶対に帰らないと怒る皇后。とうとう天皇自身が山城まで迎えに来た。しかし呼び出しても来ない、歌を贈っても返歌がない。皇后が唯一使いの者に託してよこした返事は

「あんたがヤタノヒメミコを宮殿に引っ張り込んで、后にしたんでしょ。私はあんな女と一緒に后として扱われるなんてお断りよ！」

という断固拒否の言葉。天皇はしょげかえって山城からすごすご引き上げるしかなかった。皇后は意地をはり通して、死ぬまで一度も大和には戻らなかった。皇后は五年後山城で死んだ。遺体はその死の二年後に山城から奈良山へ移されて葬られた。埋葬の翌年、仁徳天皇はヤタノヒメミコを皇后にした。

---

[3] 柏の葉

ご存じ、柏餅をくるんでいるおなじみの葉。古くから、神に捧げる食べ物を盛る皿として使われている神聖なもの。神を祀り国の安定を祈る天皇にとって大切なもので、それを妻が採りに行っている最中に、絶対イヤだといっておいた女を連れ込まれた日には、皇后が激怒するのも無理はない。しかし仁徳天皇の名誉のためにいっておくが、この時代、后を何人も持つのは当たり前。皇后に許しを得ようとした彼はむしろ誠実なのかも？

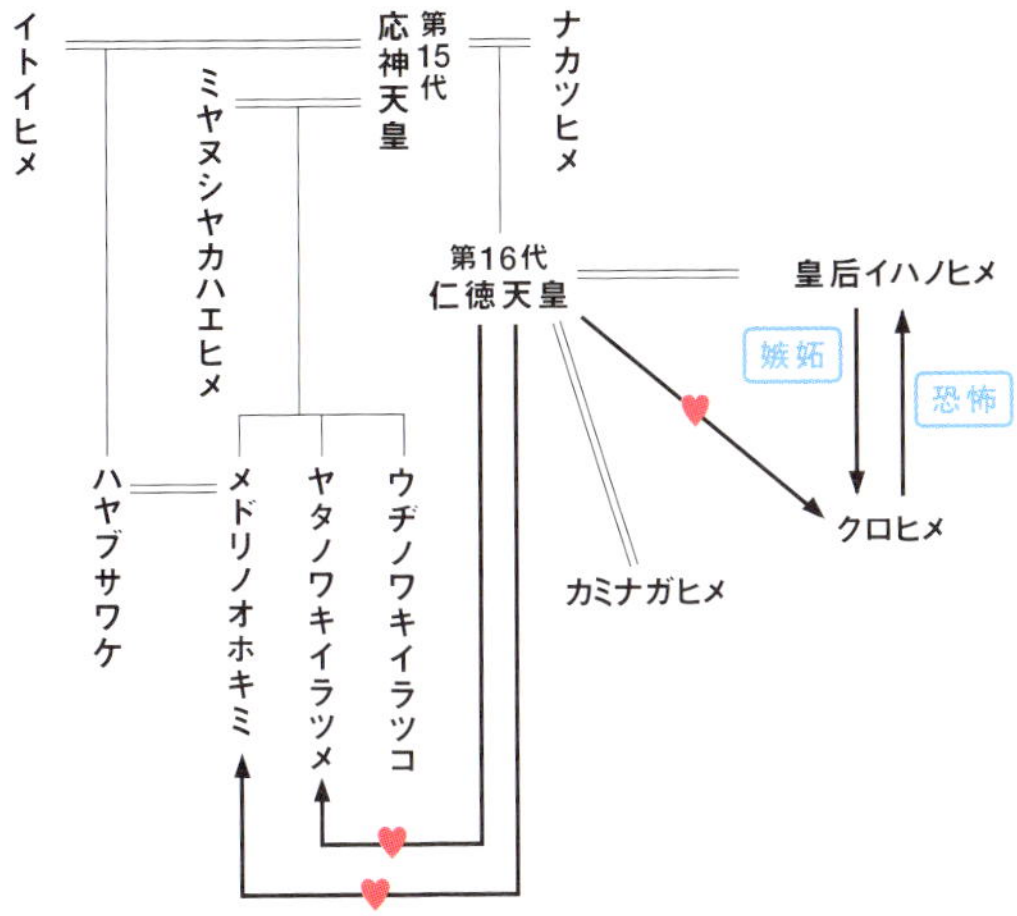

仁徳天皇の女性関係

民を思う優しい聖帝の顔をもつ仁徳天皇だが、女性関係が派手だったという裏側の顔ももつ。浮気がばれて嫉妬深い皇后に謝るなど、人間らしい記述もあり、神から人間へと移行させている様子がよくわかる。

大仙陵《だいせんりょう》古墳《こふん》

仁徳天皇といえば巨大な前方後円墳。墳長が約486m、前方部の幅305m、高さ33m、後円部の直径が245m、高さ35mと日本最大の大きさで、エジプトのクフ王ピラミッド、秦の始皇帝陵とともに世界三大古墳のひとつ。

data　住所：大阪府堺市堺区大仙町7-1　Tel：072-241-0002

古事記との違い

ウジノワキイラツコの死因が、古事記では病死となっている。日本書紀では自殺を図り、死ぬ間際に妹（仁徳天皇にとっては異母妹になる）を后にしてやってくれと頼んでいるが、古事記ではそのエピソードはない。また出ていった皇后は、日本書紀では死ぬまで天皇のもとに戻らなかったのに対し、古事記では天皇が口実をつくって迎えに行き、歌を贈ると皇后も歌を返し、仲直りをしている。その後も皇后の嫉妬を恐れつつ、ヤタノヒメミコに贈り物をしてつなぎ止めていた。

第3章

13

キレまくり男・雄略《ゆうりゃく》天皇

疑り深くてキレやすい、ちょっと面倒な男が天皇に。家来たちはいつ首を切られるかと戦々恐々だ。

亡き父のカタキー!!
7歳のマヨワ
母の再婚相手
安康天皇 殺害
それを知った安康天皇の弟
オオハッセ
兄上を…
兄上を…
マヨワめ〜〜〜ゆるすまじ!
兄さんたち!! 兄上の仇をとりましょうぞ!!
う〜〜ん…
でもな〜
クロヒコ
シロヒコ
とはいっても…
あの人も悪かったんだしな〜

もういいっ この腰ぬけどもめっ
兄、二人 殺害!!
兄のカタキ～ッ しねっ
マヨワ 殺害!!
もう、こうなったら ついでに……
次期、王位継承者 イチベノオハシ とその弟も 殺害!!
こうして―― オオハツセは 力ずくで 天皇の座を 手に入れた。
雄略天皇
誕生秘話。
……いいのか!! それで!!

解説

兄も甥も従兄弟も殺して即位

天皇の仇を討つはずが、いつの間にか「俺が天皇になるため」の殺戮に

雄略《ゆうりゃく》天皇（当時は**オオハツセ**）の兄・**安康《あんこう》天皇**が、オオハツセの妻として、**オオクサカ**の妹・**ハタビノヒメミコ**をくれるようにオオクサカに頼んだところ、彼は喜んで家宝の**宝玉**[1]とともに妹を差し上げるといった。だがこの使いに行った家来の**ネノオミ**[2]は、この宝玉のすばらしさに目がくらんで自分のものにしてしまう。それを隠すために「オオクサカは『へん、誰が妹をやるもんか！』と言っています」と嘘の報告をすると、それを信じた安康天皇はオオクサカの館に火をかけて殺してしまった。オオクサカの妻の**ナカシヒメ**は安康天皇の后に、妹のハタビノヒメミコはオオハツセの后に迎えられ、後にどちらも皇后となった。**ナカシヒメ**と**オオクサカ**の間には**マヨワ**という幼い息子がおり、父が攻め殺された後は母とともに安康天皇のもとで暮らしていた。ある日安康天皇とナカシヒメが話しているのを聞いたマヨワは、実の父が安康天皇に殺されたことを知ってしまう。幼いながらもマヨワは寝ている天皇を刺し殺して、父の仇を討った。このことを知らされたオオハツセ

用語解説 KEY WORDS ←

❶ 宝玉
押木珠葛縵（おしきたまかずら）、またの名を立縵（たちかずら）、磐木縵（いわきかずら）という。

はすぐさま武装して兵を率い、安康天皇の弟に当たる彼の兄たちを疑って「あんたがマヨワをそそのかしたんじゃないだろうな⁉　おい、天皇の仇を討つ気はあんのか？　ええっ⁉」

と問い詰めたが、オオハツセの勢いに怯え、危害を加えられるんじゃないかと震える兄・**ヤツリシロヒコ**は声も出ない。オオハツセはその態度にムカついて、兄を切り殺してしまう。もちろんマヨワも生かしてはおかない。別の兄・**サカアイノクロヒコ**と一緒に家来の家に逃げ込んだマヨワを、家来の屋敷ごと焼き殺してしまった。ついでに、生前安康天皇が跡取りにしようとしていた従兄弟の**イチベノオシワ**も「いい季節だから狩りに行こうぜ！」と誘い出して射殺すわ、その弟の**ミマ**も出かけるのを待ち伏せて殺すわ、自分が即位するために邪魔な皇子を次々片付けて、オオハツセはとうとう天皇になった。

この後もキレやすいのは相変わらずで、家来を引き連れて狩りに行った際、たくさん獲物が獲れて上機嫌だったが、

「狩りの楽しみは、獲物をもって帰って料理人に新鮮な料理をつくらせることだが、自分で料理するのとどっちが楽しいかな」

と問うたのに家来たちが即答できなかったことにカッとなり、家来の一人を切り殺した。これは

「今、すっごく楽しい気分だから、お前たち（家来たち）と今この場で宴をしたいな。料理人のところまで運ばずに、ここで料理してはどうだろうか？」

---

2 ネノオミ
根使主

悪いことはできないもので、安康天皇をだまし、オオクサカを死に追いやった十数年後、彼の悪事は露見する。横取りした宝玉を身につけているのを、雄略天皇の皇后となったハタビノヒメミコに見られ、なぜそれをお前がもっているのかと天皇に問い詰められたネノオミは、とうとう事の真相を白状する。その場は逃げ出したものの、天皇は軍を送って彼を殺した。

と尋ねたかったのだが、当然家来は意味がわからず「は？？」となっただけのこと。自分の質問がまずかったのに、

「俺様がせっかくお前たちとこの時間を楽しみたいといってるのに、無視かよ!?」

と勝手にキレて暴力を振るうのだから、困った天皇である。

たびたび勝手な思い込みでキレて、誤って人を殺すことが多かったので、庶民からも「超ヤバイ」といわれていた。だがある日、葛城山《かつらぎさん》に狩りに行ったときのこと、天皇は自分自身によく似た人と行き会った。直感的に天皇は「これは神では！」と思ったが

「あなたはどなたですか？」

と丁寧に尋ねた。相手は

「現人神[3]である。まず自分から名乗りなさい。そうしたら自分も名乗ろう」

と答えた。そこで天皇がまず名乗り、続いて相手が

「私は**ヒトコトヌシ**である」

と名乗った。二人は馬を並べて一緒に走り、日暮れまで狩りを楽しんだ。狩りが終わると神は天皇を山の麓まで送ってくれた。このことを知った人々は

「神様が一緒に仲よく遊んでくださるとは、やっぱり天皇は徳があるんだなあ」

と評価を改めたのだった。

その後もちょっとした失敗をした家来を殺そうとして、皇后にいさめられたりすることもあったが、納得すればすぐにそれを取り消す素直さもある天皇であった。

[3] **現人神**

人の姿で世に現れた神のこと。１８８９年発布の大日本帝国憲法の第三条に「天皇は神聖にして侵すべからず」という有名な文言があり、神格化された天皇はこの「現人神」であるとされていたが、第二次世界大戦後の１９４６年１月１日、昭和天皇が出した「新日本建設に関する詔書」で、天皇はみずからの神格性を否定している。これは一般的に「人間宣言」として知られている。

雄略天皇即位までの系譜

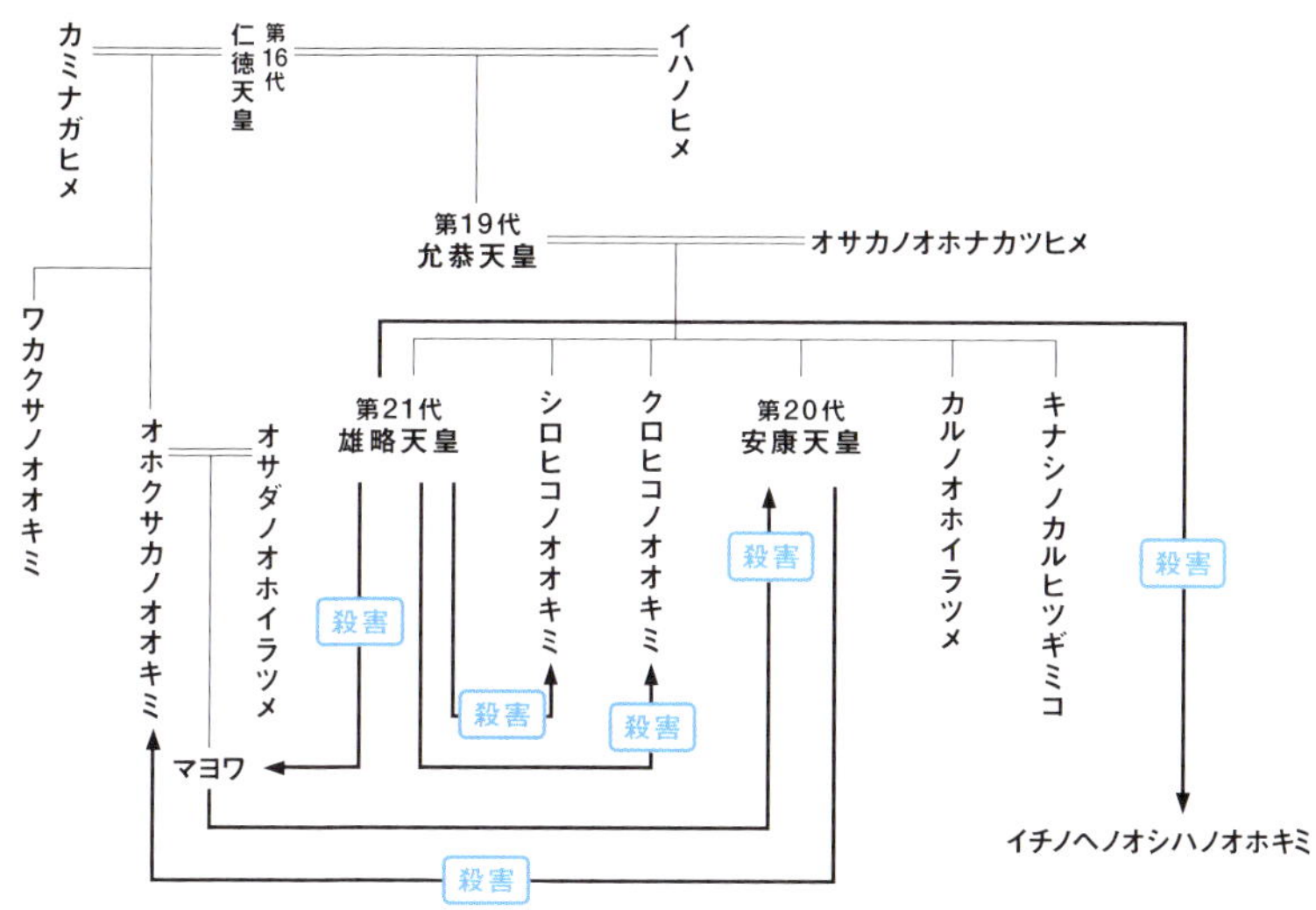

道後温泉《どうごおんせん》

雄略天皇が即位する前、一番上の兄で皇位継承者だったキナシルノカルヒツギミコの存在がある。実は同母妹のカルノオホイラツメと恋に落ち、それが発覚したことで伊予の湯に島流しにされてしまった。それが現在の道後温泉だ。

data 住所：愛媛県松山市道後湯之町6-8
Tel：089-943-8342

古事記との違い

兄である安康天皇の暗殺を聞いたオホハツセこと雄略天皇は、古事記ではまず兄のクロヒコのところへ行って、その煮え切らない態度に腹を立てて切り殺し、次にシロヒコのところへ行って同じような態度をとった彼を生き埋めにしている。日本書紀とは訪ねていった順番が逆になっていて、クロヒコは安康天皇を殺したマヨワとともに、家来の家で死んでいる。ちなみにマヨワを匿い殺された家来の娘は、以前から雄略天皇と結ばれており、即位後は后の一人となっている。

第3章

14

雄略天皇から続く跡目争いと混乱

暴虐の王・武烈天皇は跡継ぎを残さず18歳の若さで死亡。家来たちが集まって次の天皇を選ぶという異常事態になった。

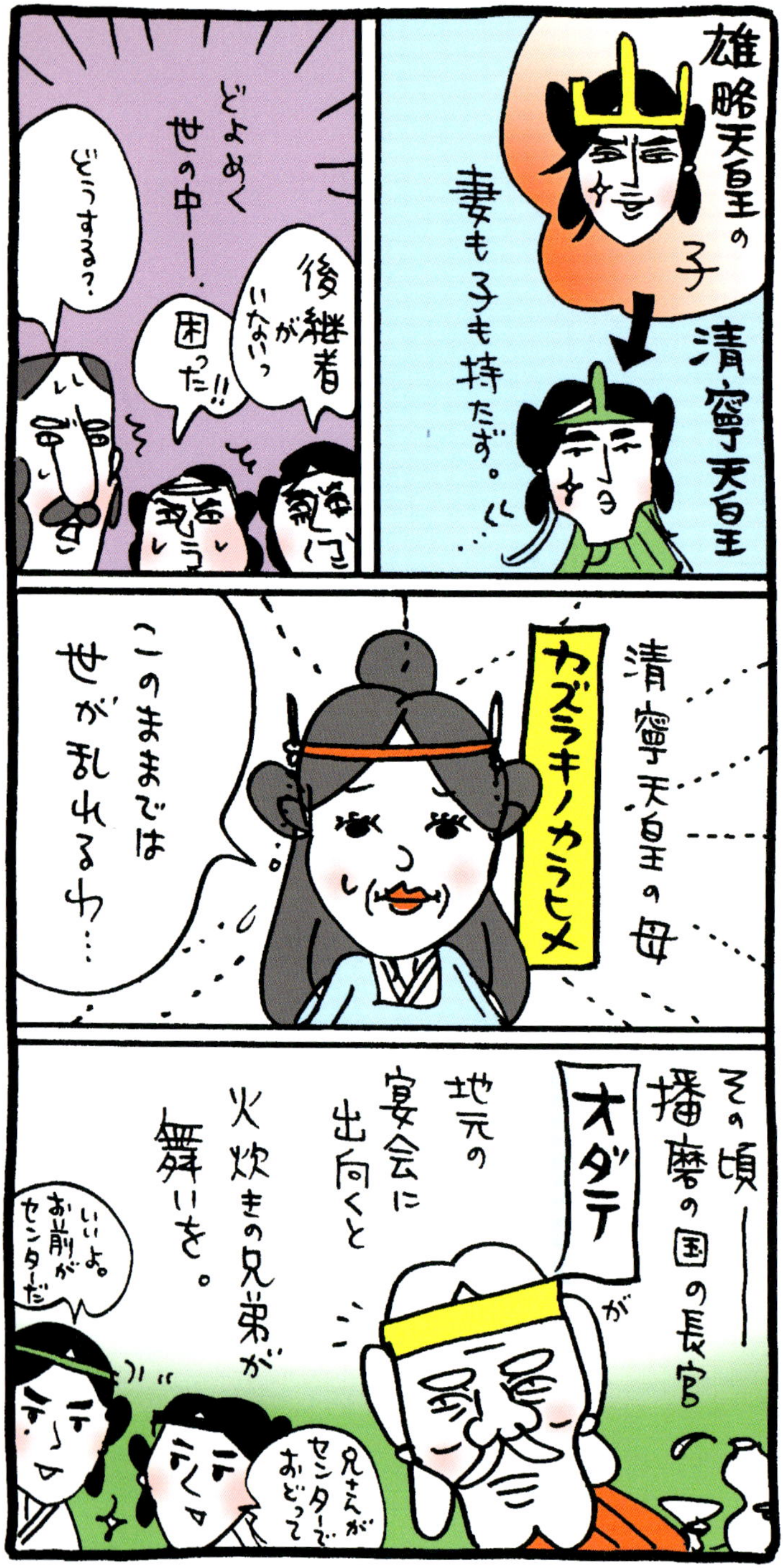

ボクらは実は〜
イイトコの
血筋〜
イチベノ
オハシの
子供
なんだ
よ〜
あの日
追われて
にげたのさ〜
ズン
ズン
ズン
な…
なんと!!!
天皇の
血筋!!
大和の国へ!!
そして
天皇に!!
兄さんが
天皇に、
いいよ!
お前が
なれよ!!
歌をうたった
キッカケは
お前だし。
弟が
天皇と
なりました。
顕宗天皇
よかったわ〜

解説

跡継ぎに担ぎ出されるのは誰だ!?

清寧《せいねい》・顕宗《けんぞう》・仁賢《にんけん》・武烈《ぶれつ》と続いた即位の混乱を収めた継体《けいたい》天皇

雄略天皇は跡継ぎに**清寧天皇**（当時**シラカノタケヒロクニオシワカヤマトネコ**）を指名していたが、異母兄弟の**ホシカワ**が謀反を起こした。ホシカワは家来の❶**オオトモノムロヤノオオムラジ**の兵に討ち取られた。清寧天皇には子がなかった。❷大嘗祭の供物を整えるために明石に来ていた天皇の家来・**イヨクメベノオダテ**が、ある家の宴会で余興の歌を聴き、それを歌う兄弟が、**安康天皇**に跡継ぎに指名されていながら、雄略天皇にだまし討ちにされた**イチベノオシワ**の遺児であったと報告。清寧天皇は彼らを宮殿に迎え、兄の**オケ**（のちの**仁賢天皇**）を跡継ぎである皇太子に、弟の**ヲケ**（のちの**顕宗天皇**）を皇子にした。

清寧天皇の死後、皇太子に指名されていたオケは弟のヲケに

「イヨクメベノオダテの前で、『本当の身分を明かそう』と勇気を出したのはお前だ。お前のあの決断があったからこそ、こうして俺たちの今があるのだから、お前が先に天皇になるべきだ」

用語解説 KEY WORDS ←

❶ **オオトモノムロヤノオオムラジ**

大伴室屋大連

「オオトモ＝姓」、「ムロヤ＝名」、「オオムラジ＝役職」を表している。ちなみにこのあと武烈天皇や継体天皇に仕えるオオトモノカナムラノムラジ（のちにオオトモノカナムラノオオムラジ）は、この一族の者だということが、名前からわかる。

と即位を促した。兄弟は互いに譲り合い、一年近く天皇不在が続いたが、ヲケが先に顕宗天皇として即位した。オケは引き続き皇太子の地位にとどまった。兄弟は雄略天皇に殺された父の遺体を探し出して掘り起こしてみると、ともに惨殺された使用人の骨と混ざって見分けもつかない。顕宗天皇の雄略天皇に対する恨みは募り、雄略天皇の墓を暴き遺骨を壊して投げ散らしてやりたいとまで思い詰めた。だが兄のオケはそれをいさめた。

「雄略天皇は、経緯はともかく天皇となり、万民から崇められた人だ。俺たちの父は難にあって天皇にはならなかった。結果的に父と雄略天皇では尊卑が違うのだ。それに俺たち兄弟を引き取り、次の天皇にと指名して可愛がってくださった清寧天皇にとって、雄略天皇は父だ。清寧天皇の恩を大切に思えば、雄略天皇の墓に手をかけることはできない」

顕宗天皇はこの兄の言葉を聞き、復讐の念を捨てた。

顕宗天皇の死後、兄のオケが仁賢天皇として即位した。仁賢天皇は一人息子の**オハツセノワカサギ**を皇太子としたが、仁賢天皇の死後、皇太子が家来にないがしろにされるという大事件が勃発した。仁賢天皇の家来である**ヘグリノマトリノオミ**[3]がのさばり、自分が日本の王になろうとしたのだ。オハツセノワカサギのためにといって人民を使い立派な宮を立てておきながら、完成したら自分がそこに住んでしまうなど、「俺様が実力者なんだから、当然王ってことで文句ないよな」と言わんばかり。彼の息子の**シビ**も皇子であるオハツセノワカサギを侮り、皇子が自分の女に想いをかけていると知っても譲るどころか、「へっ、コイツはもう俺の女なんだぜ」と面と向かって宣言。恥をかかされた皇子からそのこ

---

❷ **大嘗祭**《おおにえのまつり》
天皇が即位して最初の新嘗祭。新嘗祭については、P33を参照のこと。

❸ **ヘグリノマトリノオミ**
平群真鳥臣
これも「ヘグリ＝姓」「マトリ＝名」「臣＝役職」。

❹ **五世の孫**
五代目の孫という意味。

とを聞き、家来の**オオトモノカナムラノオオムラジ**は数千の兵を率いてシビを殺すと、シビの父であるヘグリノマトリノオミも殺すように皇子に進言。皇子の同意を得てこれも殺した。オハツセノワカサギ皇子は**武烈天皇**として即位した。この武烈天皇は非常に残虐で、妊婦の腹を割いて胎児を見たり、木のてっぺんまで人を登らせておいてその木を切り倒し、登った者が落ちて死ぬのをおもしろがったりと、その行いは凄惨を極めた。

18歳で武烈天皇が死んだとき、跡継ぎとなる皇子はいなかった。オオトモノカナムラノオオムラジらが協議し、**仲哀天皇**の五世の孫の**ヤマトヒコ**に白羽の矢を立てたが、ヤマトヒコは迎えの兵を勘違いして恐れをなし、逃げて行方不明になってしまった。そこでまたオオトモノカナムラノオオムラジがみんなを集めて、

「応神天皇の五世の孫にあたられるオオドノ様は非常に愛情深い素晴らしい方だ」

と提案したところ、モノノベノアラカイノオオムラジやコセノオヒトも

「調べたところ、天皇一族の御子孫で賢者なのはオオドノ様だけらしい」

と同意した。今度は君命を受けたという印の旗を立てて迎えに行ったが、オオドノは悪意があるのではと疑い、なかなか承知しない。やっと住んでいた越前から河内までやってきたが、「いや、俺は力不足ですから」と即位を渋り続ける。しかしオオトモノカナムラノオオムラジに説得されて、**継体天皇**として即位した。跡継ぎがいないと国がもめるということで、早々に仁賢天皇の娘・テシラカノヒメミコを皇后に迎え、すぐに男子をもうけた。これが後の欽明《きんめい》天皇となる。

---

5 オオトモノカナムラノオオムラジ

大伴金村大連

武烈天皇をバカにしたヘグリノマトリノオミ&シビ親子を倒したことなどの功績を認められ、武烈天皇即位後、ムラジからオオムラジに位を引き上げられた。なお継体天皇を推薦したオオトモノカナムラノオオムラジや「賢人はこの人だけらしい」とその提案に味方をした二人は、継体天皇即位後、前の天皇のときと同じ地位で朝廷に迎えられている（天皇が代わると、高い地位は新しい天皇の側近に代わることが多い）。

関連する神社を訪ねてみよう

樟葉宮跡の伝承地

大阪府枚方市にある森閑な杜の中に小さな丘があり、この周辺一帯は、継体天皇が即位した樟葉宮跡の伝承地として大阪市の史跡になっている。貴船神社が建てられ、継体天皇が合祀されている。

data　住所：大阪府枚方市楠葉野田2丁目

足羽神社

主祭神　継体天皇

継体天皇の母の故郷であり、福井平野の治水や笏谷石（しゃくだついし）の採取事業などを行ったといわれることから、足羽神社は治水工事の安全祈願のため建てられた。

data　住所：福井県福井市足羽上町108
Tel：0776-36-0287

大和周辺を彷徨う継体天皇

継体天皇が即位したのは河内国（現・大坂）の樟葉宮。しかし筒城宮、弟国宮と大和周辺で転々と宮を変え、大和の磐余玉穂宮に入ったのは即位から20年後のことだった。なぜなのか、この行動はいまも謎に包まれている。

男大迹王の勢力範囲（推定）

古事記との違い

雄略天皇に父を殺されたオケ・ヲケの兄弟が発見された時期が、古事記では清寧天皇の死後となっている。また父の敵である雄略天皇の墓を壊してやりたいという弟に、兄は「自分が行って壊してくる」と出かけたが、その帰りがあまりに早いので、どう壊したかと尋ねると「少し墓のわきの土を掘り返した」と言う。「父の敵をとるのに、それじゃ足りない」と怒る弟を、兄が「天皇たる者、そんなことをしてはいけない」といさめている。

第3章

15 あの有名な聖徳太子、登場！

叔母にあたる推古天皇を支えるため、国政を任されたのは厩戸、またの名を豊耳聡聖徳《トヨトミミショウトク》こと聖徳太子だった。

冠位十二階なんてどうでしょう?
いいじゃな〜い
イイね!
十七条憲法は?
いいじゃな〜い
イイね!!
この子…使える!!
なんだか政府っぽくなってきたわね〜
ウフフ
ですね!
ハハハ
ワハハ
こうして3人で何ごとも相談しながらやっていきました。
ホホホ
ハハハ
ムフフ
家来で政治に参加したなんて…歴史に名が残っちゃうな〜

解説

史上初の女帝・推古天皇

神功皇后でさえ就けなかった天皇の地位に女性がなった理由とは？

欽明天皇《きんめい》の時代に渡来した仏教が、信じる者信じない者の間に大きな争いを起こした。

欽明天皇の跡を継いだ敏達《びだつ》天皇はあまり仏教に熱心ではなかったが、その次の**用明天皇**は病の床についたときに、自分は仏教に帰依して救われたいと宣言し、家来たちにも、ともに仏教を信仰するように考えてほしいといった。だが**物部守屋**《もののべもりや》らは大反対。

「我が国には我が国の立派な神様がいらっしゃるのに、なんで他の国の神なんか敬わなきゃならないんだ！　そんな話、きいたことがないぞ！」

と怒る。逆に**蘇我馬子**《そがのうまこ》は

「天皇のお言葉にしたがって協力するのが当然のことじゃないか！」

と真っ向から対立。もともと物部と蘇我は一族を挙げて勢力争いをしていたところへもってきて、仏教を信じるの信じないので宮廷を巻き込み、大きな騒動へと発展していく。

緊迫した状況の中、用明天皇は病が重くなって死んでしまった。用明天皇には**厩戸**①という

用語解説
KEY WORDS ←

① 厩戸
ウマヤト

またの名を豊耳聡聖徳（トヨトミミショウトク）。聖徳太子の名で知られている。トヨトミミというのは、いっぺんに10人の人間の訴えを聞き分け、それぞれに的確な答えを与えたという逸話からついたもの。

立派な息子がいたが、まだ年が若かった。物部守屋は欽明天皇の息子である**穴穂部**[2]とタッグを組んで兵を挙げた、一方蘇我馬子は同じ欽明天皇の息子である**泊瀬部**《ハツセベ》や、用明天皇の息子・厩戸をはじめ、**竹田**、**難波**、**春日**などの皇子を味方に付け、物部守屋を討った。このとき厩戸は四天王像を彫り、もしこの戦に勝たせてもらえたら、護世四天王のために寺塔を建てると誓いを立てていたので、戦が終わったあとで摂津に四天王寺を建立し、物部守屋の家の奴隷を半分と邸宅の一部を、この寺のものとした。

この戦いで蘇我馬子についた泊瀬部が、次の**崇**《す》**峻**《しゅん》**天皇**として即位した。しかし天皇になったとはいえ、崇峻天皇にはほとんど実質的な力はなく、政治などの実権は蘇我馬子が握っていたのだ。

「ちぇっ、俺が天皇なのに、なんであいつの方が俺よりいばってやがんだよ、おもしろくねえな」

不満をつのらせていた崇峻天皇は、ある日うっかり口を滑らせてしまう。その日は、天皇に猪を捧げに来た者がいた。その猪を指して

「あーあ、この猪の首を切るみたいに、いつか大嫌いなやつの首を切りたいな」

と言ったのだ。以前から崇峻天皇がどうもひそかに武器を集めているらしいという噂を聞いていた蘇我馬子は、この『嫌いなやつの首を切りたい』という言葉を聞いて、これは自分を指しており、近々天皇は事を構える気だと警戒を強めた。そして**直駒**《アタイコマ》という者を使い、先手必勝とばかり崇峻天皇を殺してしまった。

---

2 穴穂部
アナホベ

のちに推古天皇となる豊御食炊屋姫《トヨミケカシキヤヒメ》を犯そうと思い、天皇の殯宮（天皇の遺体が墓に埋葬されるまで安置されているところ）にいるところを押し入ろうとしたという。すると天皇に可愛がられていた家来の三輪君逆《ミワノキミサカウ》が門を開けなかったため、穴穂部は自分の悪い思惑には口をつぐんで、「あいつは無礼だ、自分だけが天皇の遺体を護っているのだと言わんばかりの態度で、私が行っても門を開けなかった！」と蘇我馬子と物部守屋に文句を言い、切り殺すように物部守屋に命じている。

ここでまた跡継ぎが不在のまま天皇が死んだため、欽明天皇の娘で、敏達天皇の皇后だった**豊御食炊屋姫**《トヨミケカシキヤヒメ》が、朝廷の家来たちの勧めで**推古天皇**として即位することになった。彼女は甥に当たる厩戸に政治はすべて任せ、蘇我馬子にもいろいろ相談して、天皇としてのつとめを果たしていった。ちなみに蘇我馬子は推古天皇の母親の兄弟であり、つまりこの推古天皇・蘇我馬子・厩戸の三人は全員、蘇我の一族ということになる。

このあたりからは、歴史の教科書でもおなじみの制度が確立してくる。たとえば「冠位十二階」。これは階ごとに決まった色の絹を縫い付け、一目で階がわかるようにしたもの。十二階とは「大徳」「小徳」「大仁」「小仁」「大礼」「小礼」「大信」「小信」「大義」「小義」「大智」「小智」。

そしてもうひとつ有名なのが「十七条憲法」だ。その第一条である「和をもって貴しと為し、忤《さか》ふることなきを宗とせよ」

簡単に言えば仲よくしてケンカをしないように……という意味で、他には「礼儀を正しくしましょう」、「贅沢をやめましょう」、「悪をこらしめて善を行いましょう」、「カッとならないようにしましょう」などといった内容が多い。もちろん「天皇の命令には従いましょう」「庶民からやたらに税を取ってはいけません」というようなものもあるが、全体としては政治的なものというより道徳的な規範を示したものだった。

三頭政治が生んだ政策

冠位十二階の制定	積極的に人材を登用する一方、太子の政治基盤をつくる
憲法十七条	役人の心構えを説く
官僚制度の整備	地方を中央集権に取り込む
仏教文化の導入	朝鮮三国から仏教文化を輸入する
史書の編纂	『帝記』、『旧辞』の編纂

推古天皇・蘇我馬子・聖徳太子の関係図

推古天皇

太子の叔母で、馬子の姪。敏腕の天皇妃で強い発言力をもっていた

姪・叔父

叔母・甥

蘇我馬子

勢力を増長させていた蘇我氏。朝廷において最大の権臣この時代には仏教を信奉し、浸透されることで物部氏を追討している

義父・娘婿

聖徳太子

聡明で有能な用明天皇の皇子。一度に10人の訴えを聞くことができた話は有名

関連する神社を訪ねてみよう

法隆寺

いわずと知れた聖徳太子が建立したと伝えられる寺院。世界最古の木造建築で世界遺産にもなっている。国宝・重要文化財に指定されているものだけでも約190件、点数にして2300点以上の建築物や宝物類を収蔵。

data 住所：奈良県生駒郡斑鳩町法隆寺山内1-1
Tel：0745-75-2555

橘寺

奈良県の明日香村にある寺で、この近辺で聖徳太子が誕生したといわれている。太子堂には35歳の聖徳太子が安置されおり、太子の彫刻としては最も古いもの。また太子の生涯を描いた屏風も必見。

data 住所：奈良県高市郡明日香村橘532
Tel：0744-54-2026

古事記との違い

このあたりについては、もう古事記ではほとんど詳しい記述がない。〇〇天皇が何年間在位して、誰と結婚して、何という子どもが生まれたか、どこの葬られたかがほとんどだ。ちなみに古事記の最後は推古天皇の章で、「妹、豊御食炊屋比賣命（トヨミケカシキヤヒメノミコト）、小治田に座しまして、天の下治らしめすこと、三十七歳なりき。戊子の年の三月15日癸、丑の日に崩りましき。御陵は大野の岡の上にありしを、後に科長の大き陵に遷しき」とあるだけだ。

column

蘇我氏っていったい何者？

第26代継体天皇の時代から徐々に勢力を伸ばしてきた蘇我氏。天皇の後継者を左右するまでになった蘇我氏とは……。

謎の多い出自、肉食系

「蘇我氏」。何となく聞き覚えはあるけれど、いったい誰だったのか……。そう思う人も少なくないかもしれない。日本史を勉強する中で最初の頃に登場した悪役キャラといえば、蘇我蝦夷《えみし》と入鹿《いるか》。日本の歴史を大きく動かした中大兄皇子と中臣鎌足によるクーデター「乙巳の変」の対象となったのがこの2人だ。乙巳の変の詳細は、96ページからの物語を読んでもらうとして、蘇我氏はどうやって勢力を増してきたのだろうか。

蘇我氏のルーツは謎に包まれており、はっきりした記述が残されていない。しかし、第26代継体天皇の皇子たちが即位する中、台頭しつつあったのが蘇我稲目《いなめ》だ。日本書紀の中で登場するのは第28代宣化天皇の時代からで、当時は物部氏や大伴氏といった氏族が強大だったのだが、ここに割り込むように急速に成長してきたのが蘇我氏だった。その背景には、天皇家や有力氏族との婚姻関係がある。左の系譜を見てもわかるように、蘇我稲目の2人の娘を欽明天皇と結婚させ、さらに馬子の娘を舒明天皇と結婚させている。天皇家と外戚になることで、権力の中心に割り込もうという魂胆だったというわけだ。

天皇家との繋がりが強くなるにつれ、自分のいいなりになる天皇を擁立しようとする節も見受けられる。たとえば

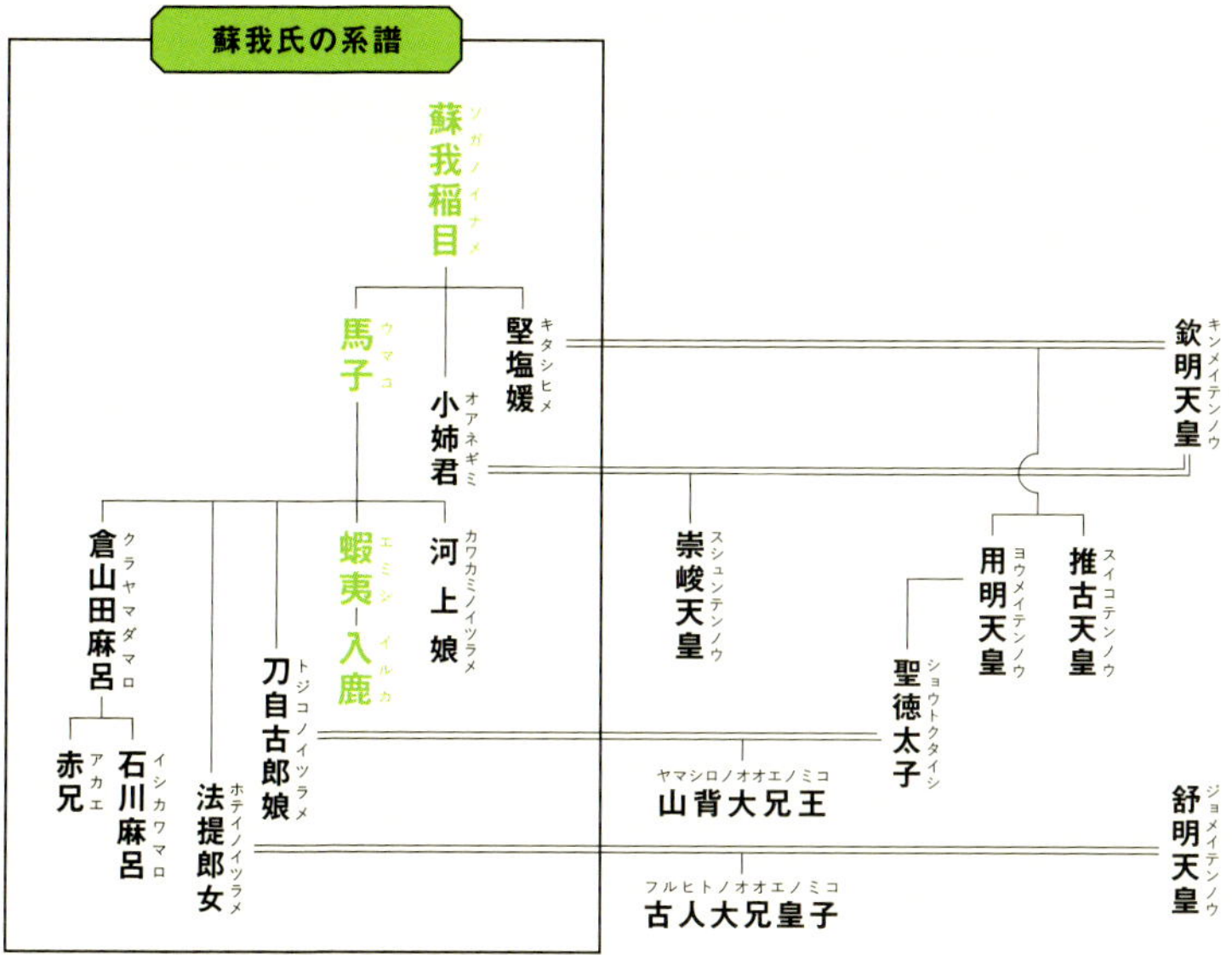

初の女帝である推古天皇は用明天皇の妹であり、蘇我馬子は彼女の叔父にあたる。崇峻天皇の死後、ほかに適当な男子の皇位継承者がいたのだが、馬子が蘇我氏の血の入っていない皇子の即位を阻止したかったので女帝をたてたという説もある。

蝦夷の時代になると、自らが擁立する皇子の反対派を兵を挙げて半ば強引に押さえ込んだり、蝦夷・入鹿の陵墓を天皇なみにつくらせるなど専横はますます激しさを増していく。そんな親を見ているからなのか、皇子の入鹿はもっと横暴だった。入鹿は舒明天皇を擁立して以来、蘇我氏と対立していた聖徳太子の子である山背大兄皇子を襲撃したあげく、追いつめて自死させたのだ。

さすがにこの頃になると、蝦夷・入鹿親子に対する恨みの声が同じ蘇我一族の中からも出てくる。最後は中大兄皇子ら若き皇子たちによる入鹿の暗殺と蝦夷の自害で、蘇我氏の本宗家は滅亡。突如現れた蘇我氏の栄華は、四代で終焉を迎えたのだ。

主な登場人物のことをもっと知ろう 02

第3章では仁徳天皇から聖徳太子までの登場人物を紹介しよう。

チャーミングな性格をもつ天皇

▶ 仁徳天皇

第16代天皇。民を思う心優しい性格をもちながら、女好きで妻に許しを請うという人間らしい行動もするチャーミングな天皇。また応神天皇と同一人物説もある。

暗殺された初の天皇

▶ 安康天皇

禁断の恋に落ちた兄を排除して天皇になったり、自分をだました叔父を殺してその妻を奪ったりと少々強引な性格が引き金になって、暗殺されてしまう悲しい宿命の天皇。

徳のある天皇？悪い天皇？

▶ 雄略天皇

本書では親族を次々と殺して天皇の座を得る人物として悪い天皇として描いているが、一方で礼を尽くす礼儀正しい面も描写されている。また古事記では英雄的に描かれている。

まさかの大出世
しかし謙虚な天皇

顕宗天皇

実は父親を雄略天皇に殺されるという暗い過去をもち苦労を重ねてきた天皇。そのためか、庶民の暮らしを考慮した政策を打ち出すなど評価が高い。

即位が短く
存在感が薄い

清寧天皇

後継者問題はいつの世も同じ。雄略天皇の息子で第22代天皇だが、結婚もせず子もなかったことで、皇位継承者問題の発端をつくった。記述も少なくキャラもわからず。

いわずと知れた
日本初の偉人

聖徳太子

推古天皇の甥で、摂政として数々の業績を残している。生まれてすぐに言葉を話し、同時に10人の問いかけにも的確に答えたともいわれている逸材。

聡明で人望も厚い
初の女帝

推古天皇

蘇我氏に担ぎ上げられ第33代天皇となった初の女帝。天皇の中でも有名な人物。とても聡明で人望も厚かったとも伝えられる。聖徳太子を摂政にして辣腕をふるう。

第4章

16 皇子たちよ、蘇我を阻止せよ！

ライバル・物部氏亡きあと、天皇家に次ぐ実力者一族となった蘇我氏。天皇同然に振る舞う彼らに鉄槌を下したのが中大兄皇子だ。

推古天皇亡き後ー
蘇我蝦夷
蘇我氏は後継者競いをおさえ自分の思った女帝をたてた。
馬子の息子
天皇だってオレたちが決めちゃって
ガハハハ
蝦夷の息子
入鹿
オレたちのが上じゃないの？ 権力、握ったかんじ？
ワハハハ
古墳をつくらせたり 自分たちの屋敷をつくらせたり
あれじゃ独裁政治だよ……
蘇我氏ってやりたい放題だよな…

そんな中、蹴鞠を通して出会ったふたり
中大兄皇子
中臣鎌足
勝手な事ばかりしているあいつら許せない!!
同感!!
蘇我氏打倒!!
ある儀式の最中――!
入鹿暗殺!
入鹿!! 覚悟しろー!!
うわっ
それを知った父・蝦夷は自ら館に火を放ち…
自害…
む…… 無念…

解説

蹴鞠が結ぶ縁が革命を起こす！

自分の意のままになる皇子を即位させる蘇我入鹿の野望を打ち砕け！

聖徳太子は**推古天皇**より早く死んでしまい、その後、推古天皇は皇太子を決めなかった。推古天皇が可愛がっていたのは、**継体天皇**と同じく**彦人大兄皇子**《ひこひとのおおえのみこ》の子である**田村皇子**と、聖徳太子の息子・**山背大兄皇子**①。推古天皇の死後、**蘇我馬子**の息子である**蝦夷**《えみし》をはじめ、大臣たちが集まって協議の末、田村皇子が**欽明天皇**として即位することになった。

欽明天皇の後は、その皇后が**皇極**《こうぎょく》**天皇**として即位した。山背大兄皇子ではなかったのはなぜか？　実力不足の欽明天皇は、一番の実力者である蘇我蝦夷②に対して何ごともビシッと言えなかった。そのうちに蘇我蝦夷はだんだんと増長し、自らが天皇より上であるかのように感じはじめたのである。当然次の天皇も自分たち蘇我氏の言いなりになる者がよい。そこで推古天皇にも目をかけられた、天才・聖徳太子の息子である山背大兄皇子より、皇后を天皇に選んだのだ。この頃の蘇我蝦夷の増長ぶりはひどかった。蘇我氏の霊廟を立てて、天皇家が行う行事である「八佾の舞」③を勝手に舞わせたり、自分たちの入る墓を国

用語解説　KEY WORDS

① **山背大兄皇子**
ヤマシロノオオエノオウジ

彼の母は蘇我蝦夷の妹。つまり蝦夷とは伯父甥の間柄で、入鹿とは従兄弟同士。また入鹿が天皇にしようと企んだ古人大兄皇子も、蝦夷の妹の息子なので、蝦夷・入鹿親子にとって、山背大兄皇子も古人大兄皇子も、血縁と

中から奴隷を集めてつくらせたり、本来天皇から授かるものである紫の冠④をひそかに息子の**入鹿**《いるか》に授けたりと、まるで天皇気取りの振る舞いをしていた。

「次の天皇は古人大兄皇子にしたいな」

蘇我入鹿は、自分の叔母が生んだ欽明天皇の皇子・**古人大兄皇子**《ふるひとのおおえのおうじ》を天皇にしようと企てた。それは聖徳太子の息子で世間に人気のある山背大兄皇子に生きていてもらっては困る。入鹿は兵をやって山背大兄皇子とその家族を襲ったが、間一髪で皇子一家は逃げ延びた。

「味方は必ずいます。入鹿と戦いましょう！」

と挙兵を勧める者もあったが、山背大兄皇子は

「私は自分のために民を動かしてはならないと決めている。何の罪もない彼らに苦労をかけ、私に味方したために家族を亡くすような目に合わせたくないんだ。私と家族の命なら、入鹿にくれてやろう」

といって、家族ともども自害して果てた。入鹿が山背大兄皇子らを死なせたと聞いた蝦夷は、息子のことを「大馬鹿者め！」と怒り罵ったという。

蝦夷以上にひどい入鹿の振る舞いを「ゆるさん！」と思っている人物がいた。一人は朝廷に仕える**中臣鎌足**、もうひとりは**中大兄皇子**だ。中臣鎌足は前々から「打倒！ 蘇我」の企てを成し遂げられる人を探していて、中大兄皇子ならとひそかに思っていたところ、たまたま蹴鞠していた皇子の靴が脱げて飛んだのを、中臣鎌足が拾って返したのが縁で二人は意気投合。ひそかにクーデターの計画を練った。中臣鎌足の勧めで、中大兄皇子は**蘇**

しては大差ないのだが、やはり人気者の山背大兄皇子は煙たかったのだろう。

②

蘇我蝦夷

ソガノエミシ

「エミシ」とは、東国に住む蛮族を指す言葉。本当の名前ではなく、天皇家をないがしろにした悪いヤツをおとしめるために付けられた、蔑みの気持ちを表した名前だと思われる。

我倉山田麻呂の娘を妻にもらう。のちのち蘇我倉山田麻呂を味方に引き入れるためだ。
朝鮮半島からの贈り物が披露される「三韓の調をたてまつる日」が、決行日に選ばれた。中大兄皇子は妻の父である蘇我倉山田麻呂に、上表文を読む役をするように指示。このとき計画を打ち明けられた舅は、この計画に協力を誓った。
普段から用心深い入鹿は、つねに剣を身につけている。そこで滑稽な踊りを見せる芸人に言い含めて、入鹿をだまして剣をとりあげた。建物の門はすべて閉ざし、衛兵たちは「お小遣いをやろう」と言って1カ所に集め、何かあってもすぐに駆けつけられないようにしておく。準備を済ませ、中大兄皇子は自ら長槍をもって隠れた。天皇の前で蘇我倉山田麻呂が上表文を読み上げる。なかなか何も起こらないので、手違いがあったかと心配のあまり、蘇我倉山田麻呂は手も声も震え、脂汗が吹き出す。入鹿がいぶかしく思い
「おい、何を震えている？」
と声をかける。蘇我倉山田麻呂は
「て、て、天皇のおそばなので、恐れ多く……緊、緊張してしまいまして」
といいわけをする。うろたえる彼を見て、中大兄皇子らが飛びだして、天皇の前で入鹿に斬りかかった。天皇はびっくり仰天。だが「皇子たちをすべて滅ぼし、自分が国をほしいままにしようとする大悪人を処罰します」という中大兄皇子の言葉を聞くと、止めることなく奥へと入ってしまった。入鹿はその場で切り殺され、遺体は蝦夷のところへ届けられた。蝦夷も翌日殺され、朝廷一の実力者一族はここでその力を失った。

---

3 八佾の舞《はちいつのまい》

天子のみが用いることが許される舞で、64人のダンサーを必要とする贅沢な舞。孔子の教えを説く「論語」の中で「李氏は自分の家の廟のために八佾の舞を行った。天子の身分ではないのに、不遜なことだ。こんなことを平気でするなら、もっと大それた事もやりかねない」という文章があり、この蘇我蝦夷の記述とよく似ている。

4 紫の冠

聖徳太子が定めた冠位十二階の最高位・大徳の色の冠。

蘇我入鹿の首塚

乙巳の変の際、蘇我入鹿は板蓋宮（いたぶきのみや）という場所で殺害されたとされている。この首塚は飛鳥寺の西にあり、落とした首が中臣鎌足を追いかけてきて、その供養のために立てられたとも、はねられた首が落ちた場所ともいわれている。

data　住所：奈良県高市郡明日香村飛鳥

乙巳の変関連マップ

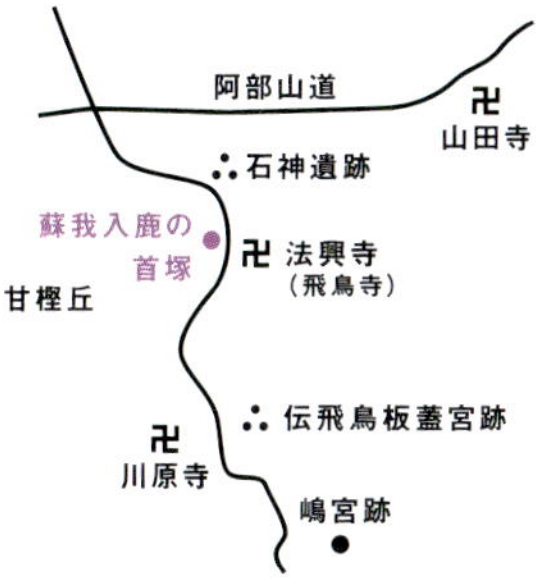

嶋宮跡は蘇我馬子の邸宅跡で、蝦夷と入鹿の邸宅は甘樫丘にあった。また中大兄皇子たちは蘇我氏打倒のため法興寺に集結した。

飛鳥寺

百済から仏舎利が献じられたことから、蘇我馬子が寺院建立を発願し、596年に創建された寺院。本尊の飛鳥大仏は、現存する仏像では日本最古のものといわれている。右の地図を見てもわかるように寺院の近くには蘇我入鹿の首塚もあるので、併せて訪れたい。

第4章

17 新時代の幕開け、大化の改新

政治の実権を握っていた蘇我蝦夷・入鹿親子を倒し中大兄皇子らが新しい体制づくりに乗り出した。

――という
そのウラで――
先のクーデターで力を貸してくれた
石川麻呂
や
孝徳天皇
その皇子を――
死においやるという――
ダークな面ももちあわせる中大兄皇子だった。
改革のジャマをするヤツは消す!!

解説

民の幸せを願った制度改革

叔父の孝徳《こうとく》天皇と協力して 大化の改新に心血を注ぐ中大兄皇子

皇極天皇は**蘇我蝦夷**が死んだ翌日、位を**軽皇子**《かるのみこ》に譲り退位した。皇極天皇からこっそり「位を譲りたい」という打診を受けた**中大兄皇子**が**中臣鎌足**に相談すると、

「皇子、それはいけませんよ。皇子には兄上の**古人大兄皇子**もいらっしゃるし、叔父上の軽皇子もいらっしゃいます。それを差し置いて天皇の座につかれては、世間が納得しません。それこそ『ああ、自分が天皇になりたいから蘇我の親子を殺したんだな』などと言われますよ、私たちの革命が私利私欲のためだったと誤解されます」

それを聞いた中大兄皇子は、ひそかに天皇にこの考えを伝え辞退を申し入れた。そこで彼らの意見を取り入れて、皇極天皇は軽皇子を指名した。軽皇子は自分より古人大兄皇子が年長だからと断ろうとしたが、**蘇我入鹿**という後ろ盾を失った古人大兄皇子は

「いえいえ、私は出家しますんで、遠慮しないで」

とその場で腰に帯びていた剣をはずし、自分の使用人たちにも同じように剣を捨てさせ

用語解説 KEY WORDS

1 自ら僧衣に着替えた

古人大兄皇子は、自分は蘇我入鹿にのせられて、次の天皇になる気だった。その入鹿が殺された今、お情けで生かされているようなもの。うっかり天皇の地位に未練を見せれば、生きてはいられない。出家は殺されないための苦肉の策だったのだ。

ると、すぐに自らひげや髪を剃って僧衣に着替えた。❶軽皇子は辞退できずに、孝徳天皇として即位した。皇太子は中大兄皇子、中臣鎌足ら蘇我入鹿暗殺の功労者たちを高位の大臣職に据えた新体制が発足した。

孝徳天皇と中大兄皇子、中臣鎌足らは協力して、制度改革に乗り出す。たとえば地方の監督を任されている国司を集め、

「自分が監督している土地の住民戸籍をつくり、田畑の大きさを調べるように」

という課税のための基礎台帳づくりを命じたほか

「賄賂をもらって民を苦しめてはならない。もしもらっているのがわかったら、もらった賄賂の二倍の罰金を科します。都に来るときに行列を立派に見せようと見栄をはって、畑を耕すべき農民たちを連れ出してぞろぞろ従えて来ないこと」

などを言い渡した。また朝廷には訴え事を入れる箱を設置。毎日集めて、天皇自らがそれがいつ訴えのあったことかわかるように年月日を記入し、それぞれ内容別に担当大臣に渡すことにした。もし「訴えたのに何もしてくれない」「えこひいきされて公正な処分が下されない」というときに鳴らして天皇に知らせる鐘も用意された。

さらには大寺（飛鳥寺のことと思われる）に使いを出して僧たちを集め

「自分は正教を崇め、大きな道を照らしていこうと思う。ついては沙門狛犬大法師ら10人を十師する。多くの僧たちを教え導き、国中にありがたい仏教の教えを広めてほしい」

と仏教護持の姿勢を改めて示し、朝廷の高官である来目臣らを法頭という役に就けた。

---

❷ 古人大兄皇子の謀反

これは中大兄皇子の陰謀説もある。いつまでも古人大兄皇子に生きていられては、いつ何時、自分たちの反対勢力が彼を担ぎ出そうとするかわからないし、自分が次の天皇になろうとするときに、障害になる可能性もあるため、「密告があった」という理由をつけて、彼を殺したということも十分考えられる。

古い時代の腐敗やなれ合いを取り除こうという改革に取り組んでいる間に、出家したはずの❷古人大兄皇子はひそかに謀反を企てていた。その密談に加わっていた**吉備笠臣垂**《きびのかさのおみしだるま》が中大兄皇子に自首してきて、ことは発覚。謀反は失敗に終わった。

そしていよいよ、歴史に名高い「大化の改新」の詔が発せられる。内容は4つ。

①すべての土地と民を国有化。今まで地方を治めていた者たちは、土地の収穫物や労働力を自分たちのもののように使っていたが、これからは位や働きに合わせて国が給与を決めて支払うので、勝手にしてはならない。

②地方行政組織の整備と、軍事や交通網の整備および関所の設置。地方との連絡を迅速かつ正確に行うための、駅馬制度を創設。地方の役人には清廉潔白で、事務処理能力が高い者を高位につけるように。また都の治安維持のために町内会制度をつくり、会長にはそこに住む民の中から、しっかりした有能な者を選んでその任に当てること。

③戸籍の作成と、課税のための単位の制定。民50戸で一里として、一里ごとに長をおく。また田は長さ30歩幅12歩を一段として、10段を一町とする。

④税制の整備。田一町につき絹一丈、馬は百戸につき一匹収めるようになど、課税基準を決定。

こうした制度をつくっただけでなく、実際にそれがちゃんと運用されているかどうかにまで、中大兄皇子らは目を光らせた。❸箱に入れられた訴えの内容もきちんと吟味し、ちゃんと一国民の声を取り入れて制度改革を進めていった。

❸ 箱に入れられた訴え

孝徳天皇は、この箱を設置したところ、民の間にも「お上は正しい訴えならちゃんと聞いてくれるぞ」「俺たちの意見でもっとよい国づくりをしなくちゃ」という気風が生じ、朝廷内ではわからない、底辺の不正や不備を指摘する声が天皇のところに届き、正しい政治を行うのに大変役に立っていると、大臣を通して民に伝えた。

改革後の中大兄皇子と中臣鎌足の関係

第36代
孝徳天皇
政権の頂点に立つ絶対的な存在

皇太子
中大兄皇子
天皇に代わって改革を進めた

左大臣 阿倍内麻呂
官職の最上位として政務を統括する立場

右大臣 蘇我石川麻呂
左大臣に次に偉い。主に政務を司る

内臣 中臣鎌足
天皇の顧問であり、左右大臣を補佐する立場

国博士 高向玄理（たかむこのくろまろ）
旻（そうみん）
政治に関する顧問

改心の詔の内容

第1条	公地公民制	すべての土地・人民を「公地」「公民」として国有化
第2条	行政・軍事・交通の整備	軍事や交通網も整え、要所に関所や防人を設置
第3条	班田制	戸籍・計帳を作成し、それに基づいて公地を公民に支給
第4条	税制の整備	租・庸・調など、公民に課す税の内容を全国で統一

推古朝から持統朝にいたる宮都の変遷

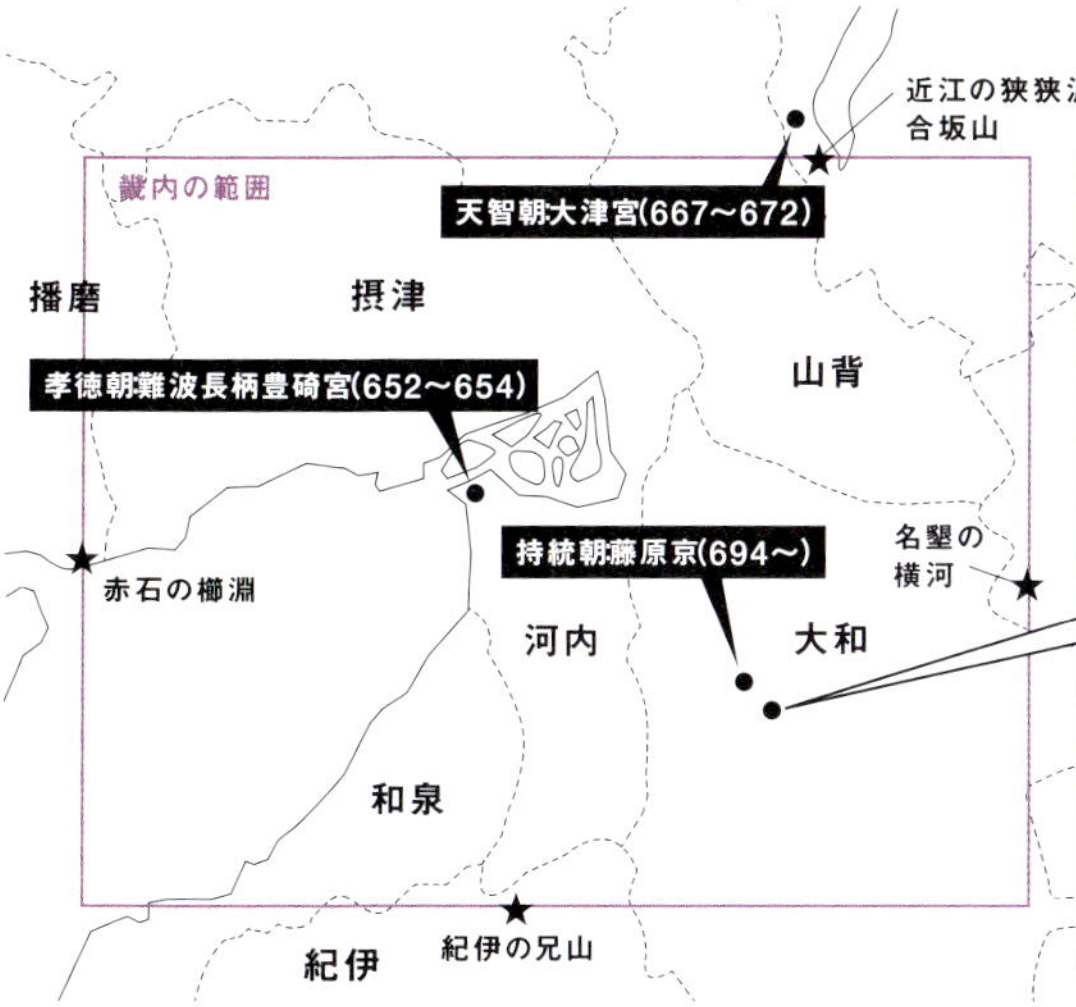

推古朝:豊浦宮(592〜603)
小墾田宮(603〜630)
舒明朝:飛鳥岡本宮
(630〜636)
田中宮(636〜640)
厩坂宮(640)
百済宮(640〜641)
皇極朝:小墾田宮
(641〜642)
飛鳥板蓋宮(643〜645)

斉明朝:飛鳥板蓋宮(655)
飛鳥岡本宮(656〜661)
天智朝:飛鳥岡本宮
(661〜667)

天武朝:飛鳥浄御原宮
(676〜686)
持統朝:飛鳥浄御原宮
(686〜694)

第4章

18 SOS、SOS、こちら百済！

長い間朝鮮半島と親交を続けてきた日本。一番関係の深かった百済滅亡の危機に、日本の将軍らが海を渡った。

唐と新羅の連合軍に攻められている百済からSOSが!!
新羅
百済
唐
日本
SOS!!
古くからの仲よし‥百済のSOS!!助けにいくわよ!!
斉明天皇
おーっ
日本軍出陣!!!
どんぶらこ
しかし!!
途中の九州あたりで斉明天皇病に倒れ死去。
中大兄皇子…あとはよろしく…

百済軍と合流するも
ソリが合わず…
助けにきてやったぞ!!
…なんかエラそうだな…
なんだよ
なんだ
そんな中連合軍現る!!
ウカーっ
レベルが違うっ
最新式〜!!
ズーン
日本軍、ボロ負け。
大敗北だった…
斉明天皇…
すいませんっ
それでも勇敢に戦ったが—

解説

度重なる出兵むなしく、ついに敗退

連係プレイも失敗、内紛勃発、百済《くだら》&日本軍、大敗を喫する

この本ではほとんど取り上げてこなかったが、**神功皇后**の遠征以来、ずっと朝鮮半島各国と日本との親交は続いており、日本書紀の中で折に触れ「こういう贈り物があった」「今年は贈り物を寄越さなかったので兵を送った」、「使節が挨拶に来た」、「日本から誰々を送った」などの記述があり、その付き合いの深さを物語っている。一番親しいのは百済、始終もめているのが新羅という状態が多かった。新羅と百済はことあるごとにもめて、そのため百済から援軍派遣の要請が来ることも珍しくなかった。

孝徳天皇[2]が死んだ後、**中大兄皇子**は皇太子だったにもかかわらず、すぐに天皇にならずに、一度退位した**皇極天皇**を再び担ぎ出して**斉明《さいめい》天皇**として即位させた。

その年、朝鮮半島情勢が大きく変わった。中国の唐と新羅が連合して海と陸の両方から百済を攻め、百済は滅亡寸前になってしまった。百済の軍は武器も尽きてしまったため、棒で戦った。新羅軍の武器を奪い、なんとか王城は守ったが、それが限界だった。この戦

用語解説 KEY WORDS

1 孝徳天皇死去

最初は中大兄皇子とよい関係を保っていたが、天皇でありながら実質中大兄皇子と中臣鎌子らが決めたことを発表するだけの立場に不満をつのらせていった孝徳天皇。その不満を感じ取った中大兄皇子は、退位した皇極天皇や他の皇子たち、中大兄皇子自身の妹

いで獅子奮迅《ししふんじん》の働きをし、人々から讃えられのが**西部恩率鬼室福信**《さいほうおんそつきしつふくしん》だった。彼は日本へきて、百済復活への力添えと、日本に預けられていた百済の王子・豊璋《ほうしょう》の帰還許可を求めた。斉明天皇は彼の願いに応え、船をつくらせ武器を集めてから、自分も船に乗って博多までやって来た。いったん磐瀬《いわせ》行宮《かりみや》（福岡市三宅あたり）に入ってから、朝倉橘広庭宮《あさくらたちばなのひろにわのみや》（福岡県朝倉町あたり）に移った。このとき朝倉社の木を切ってこの宮をつくったので、雷神の怒りを買い建物が破壊されただけでなく、鬼火が出たり、使用人に原因不明の病気で死ぬものも現れた。このためか、天皇自身もこの朝倉橘広庭宮で死んでしまう。皇太子の中大兄王子は天皇の喪を務めてから、磐瀬宮に来た。この夜、朝倉山の上には鬼が現れて、笠を着て天皇の喪の儀式をみていたという。

さて、日本は大山下狭井連檳榔《おおやましたさいのむらじあじまさ》・小山下秦造田来津《こやましたはたのみやつこたくつ》と五千の兵をつけて、豊璋を百済に送り返した。彼らは百済で待っていた西部恩率鬼室福信と合流。唐とトルコの連合軍に攻められた高麗も日本へ援軍を要請するなど、朝鮮半島はどこもかしも混乱に陥っていた。

百済では、豊璋が王位を継いだ。日本の将軍が軍船１７０隻とともについている。豊璋と西部恩率鬼室福信は、大山下狭井連檳榔らにどこに腰を落ち着けるべきかを相談した。

「今いる州柔《つぬ》（地名）は高台で、土地がやせているから農耕に適さない。ここに長くいると、民が飢えてしまう。避城《へさし》（地名）に移ろうではないか。あそこなら川があって水が豊か、作物を育てるにも適している。土地は低いがあそこに移るべきだ」

という百済側に、日本の将軍たちは

である孝徳天皇の后・間人皇女、多くの朝廷の家来たちを連れて、難波の都を出て、大和の都に移ってしまう。置き去りにされた孝徳天皇は失意のうちに淋しく死んだのだ。蘇我入鹿を倒し、新しい国づくりをしようと意気込んで、新しく移り住んだ難波の都。そこに残された孝徳天皇の寂しさと悔しさはいかばかりだったか……。古人大兄皇子の謀反の真偽といい、孝徳天皇への仕打ちといい、中大兄皇子は自分の思い通りにならない人は、非情な態度をとる男だったようだ。

「いや、移ろうとしている避城は、敵の陣地から一夜で行ける距離。あまりに近すぎます。今、敵があまり攻めてこないのは、ここが険しい山坂に護られた自然の要塞だからで、決して我々を恐れているわけではない。低い土地に移ればきっと攻撃してきます」

と反対したが、百済側が聞き入れずにとうとう移動を開始してしまった。このときすでに、百済側と日本の援軍との信頼関係が揺らいでいたと見るべきだろう。結局避城に移り住んだものの、新羅軍の攻撃が迫ってきたため、彼らはまた州柔に戻らざるを得なかった。日本からの増援部隊が新羅の城をいくつか落とすなど、明るいニュースもあったが、新羅につけいるすきを与える大きな事件が起こった。日本に豊璋の帰還と援軍を求めた忠臣・西部恩率鬼室福信が謀反の疑いをかけられ、切り殺されてしまったのだ。これを知った新羅は百済軍がガタガタであることを察して、一気に猛攻をかけてきた。州柔の城が新羅の兵に囲まれているそのとき、日本からの大援軍の船は白村江に到着。そこに陣を敷いて待ち構えていた唐の大軍船団と激突した。唐軍はよく守り、緒戦は日本軍の負けに終わった。しかしこの敗北をよく考察せず、百済軍・日本軍ともに「ま、俺たちがガーッと攻めれば、向こうは逃げるでしょ」くらいに考えて、陣形も整えないままに再度唐軍に攻め入った。だが唐軍の挟み撃ちに合い、たちまちのうちに甚大な被害を受け、あえなく敗退。この戦いで日本軍の小山下秦造田来津は戦死、豊璋は数人の家来とともに船で高麗へ逃げた。州柔城は陥落し、百済復興の夢は潰えた。

❷ 唐と新羅の連合軍

新羅が唐を頼んで一方的に戦を仕掛けたわけではなく、「日本の朝廷に来るのに唐の服を着てきた新羅の使節を、日本が追い返したので、二国間の関係に亀裂が生じた」、「百済と高句麗の連合軍が新羅を攻撃した」などの理由があり今回の、唐、日本を巻き込んだ朝鮮半島の大戦争が勃発したのだった。

白村江の戦い

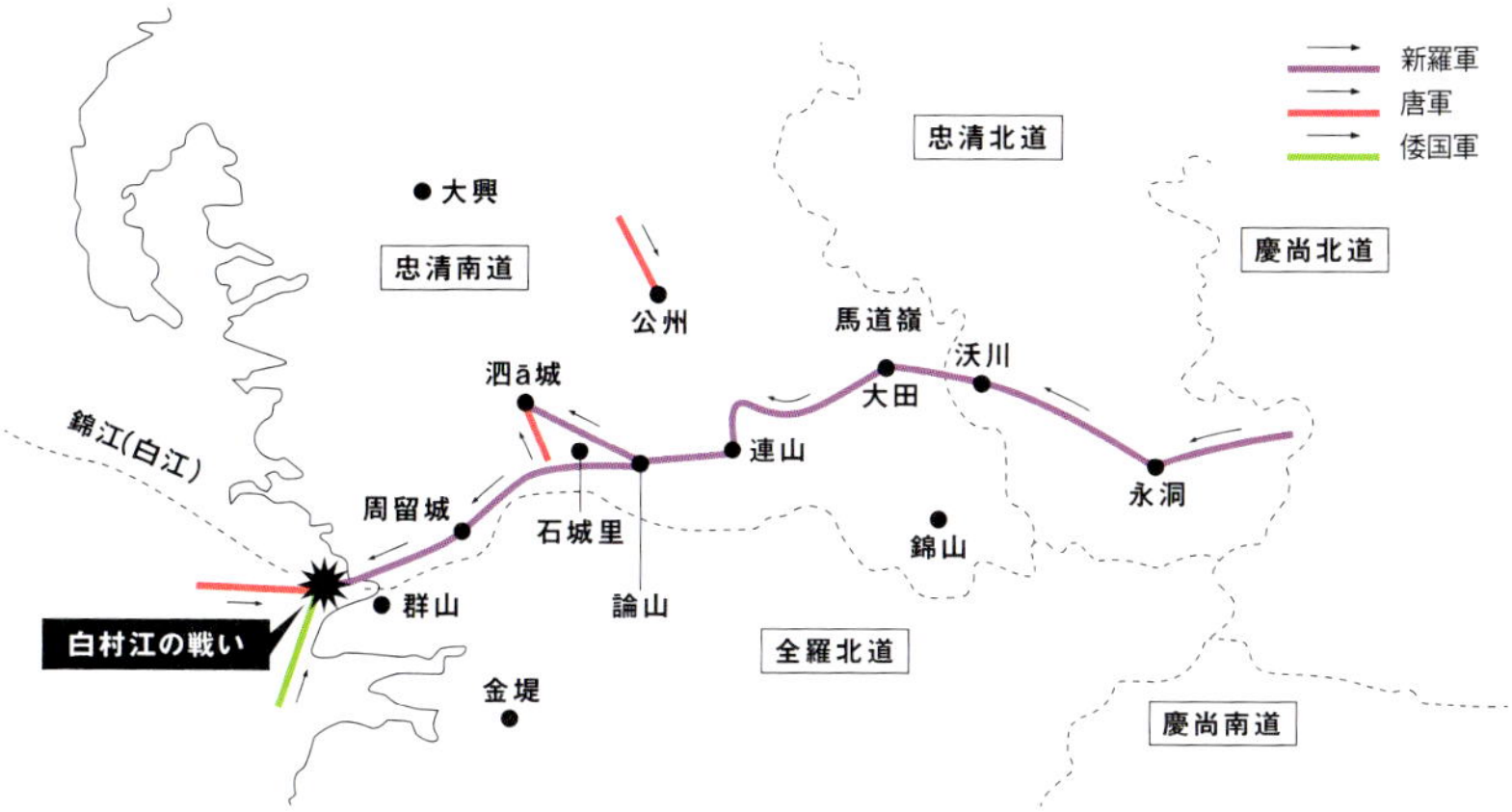

関連する年表

斉明6(660)年12月	百済への派遣が決定
斉明7(661)年1月	難波津を出発
斉明7(661)年7月	斉明天皇崩御
天智2(663)年3月	中大兄皇子が軍船を新羅へと向かわせる
天智2(663)年8月	唐軍の前に日本敗退

白村江

白村江は、朝鮮半島を流れる河川で、現在でいう韓国の南西部にある錦江河口付近の呼称。百済の拠点である周留城に近かったため、ここで最終決戦が行われたが、唐の水軍の守りは強く、わずか2日で倭軍は壊滅したといわれている。

第4章

19 天皇候補が国を二分した壬申の乱

大化の改新をともに進めてきた中大兄皇子と大海人皇子《おおあまのみこ》兄弟。しかし兄の愛は次第に弟から息子へと移っていった。

天智天皇
死去。
父さん…
父、亡きあと
ボクが
天皇になる!!
うおっ
でも、その前に
おじ、大海人皇子を
倒す!! 先手必勝だ!!
と、思ったら
おじの方が
一枚上手。
先手必勝は
こっちじゃ!!
関東の豪族を
従え、挙兵!!
おじさん…
激戦の末——
大友皇子
率いる
朝廷軍——…
敗北。
皇子、
自害。
天皇に
なりたかった
よー……
父さんっ
ゴメン…

解説

仲のよかった兄弟に何が……!?

お互いの猜疑心が憎悪を生み出し、実の叔父と甥が天皇の座を争い激突する

孝徳天皇の死後、都を大和から近江へ移し、**中大兄皇子**はやっと即位をして**天智天皇**となった。同母弟の**大海人皇子**《おおあまのみこ》を東宮❶とし、力を合わせて改革を進めていた。病床に伏す盟友・**中臣鎌足**に、大織❷の冠と大臣の位を授ける際には、自分の代理としてその大役を任せるなど、天皇は弟を次期後継者として扱っていた。

だが事情が変わった。天智天皇の息子・**大友皇子**が成長するに従い、天皇は弟よりも息子の方がかわいくなってしまったのだ。大友皇子《おおとものみこ》を太政大臣という重役に就け、自分に忠実な**蘇我赤兄**❸と**中臣金連**❹をそれぞれ左大臣・右大臣に任命してサポートさせるなど、誰の目にもその愛情の移り変わりはあからさまだった。

やがて重い病を得た天智天皇は、大海人皇子を呼び出した。枕元へ行こうとする彼に、**蘇我臣安麻呂**《そがのおみやすまろ》がささやいた。

「……よく気をつけてご返答を」

用語解説 KEY WORDS

❶ **東宮**
次の天皇になる皇太子のこと。

その言葉で、大海人皇子ははっとなった。これは何かある！　彼が顔を見せると、天皇はかねてからの考え通り、大海人皇子に位を譲りたいと言った。彼は即座に辞退した。

「兄さん、私は病気がちですし、とてもそんな大役は務まりません。そのお役は皇后にお譲りになり、大友皇子を皇太子にすればいいんですよ。私は兄さんのために出家をして、仏の道を行こうと思います」

天皇がそれを許したので、大海人王子はその日のうちに出家し、自宅にあった武器はすべて国に収め、吉野へと旅立ってしまった。権力争いに巻き込まれたくなかったからだ。そのすぐ後、天智天皇は死んだ。事はそれで収まらなかった。吉野に引っ込んだ大海人皇子のところに、次々といやな報告が届く。

「吉野に近い美濃や尾張に『天智天皇のお墓をつくるための人夫を集めておくように』と命令がありましたが、その人夫に武器を支給しています」

「こちらへ向かう道筋のあちこちに監視人がいます」

「大海人皇子の使用人たちが自分たちの食料を運ぶことも、禁じられてしまいました」

こうした報告を聞けば、大友皇子やその側近たちが吉野にいる自分たちを邪魔に思い、殺してしまおうと考えているのがいやでもわかる。座して死を待つよりはいっそ！　と決意を固めた大海人皇子は、ひそかに自分に味方をしてくれそうな美濃の役人に使者を送り、近江と美濃の間の要路を封鎖させる。家族を連れて吉野を脱出し、東国へ向かった。大友皇子のいる近江の都にいる子どもたちも、密使を送って脱出させる。子どもたちと合流し

---

2 大識

孝徳天皇の時代に、聖徳太子が定めた冠位十二階を細かくして、七種十三階の冠位を定め、さらにこれを細かくして十九階にしている。大識はその最高位。

3 蘇我赤兄《そがのあかえ》

中大兄皇子の腹心。孝徳天皇の息子・有馬皇子に近づき、味方を装って中大兄皇子への不満を口に出させて、中大兄皇子に報告。これをもとに「謀反の疑いあり」として、有馬皇子は処刑されてしまう。中大兄皇子の天皇即位の邪魔だった彼を取り除くため、罠にかけたのだ。

た大海人皇子は、鈴鹿の関を固めた。途中でお供に加わった土地の豪族たちや猟師などを従え、寒さと暗闇の中を不自由しながら大海人皇子の一行は進んだ。明け方、迹太川《とおがわ》のほとりに辿り着き、そこでアマテラスを祀る伊勢神宮を遙かに拝み、勝利を祈願した。

一方「大海人皇子、吉野から脱出！」の報を聞いた、近江の大友皇子とその側近たちは慌てた。急いで兵を集めようと各地に使者を送ったが、朝鮮半島からの攻撃に備えている九州の軍団からの返事は

「そちらの一大事もわかりますが、こちらを空にしてもし不意を突かれたら、国そのものが危うくなってしまいますので、そちらに兵はまわせません、あしからず」

というけんもほろろな答え。そのほかの使いもまったく役に立たず、兵はいっこうに集まらない。それどころか大和にいる朝廷の家来たちもどんどん寝返りはじめ、朝廷軍の倉からも吉野側に武器が持ち出される始末。この寝返りに乗じて大海人皇子は軍を進める。ひとつの軍は大和へ向かい、寝返った者たちと合流して激闘を繰り広げる。また不破から近江の都に向かう軍は、敵の内乱に乗じて勝利を収めながら連戦連勝で進軍。最終決戦の場、瀬田橋へとやってきた。

川をはさんで大友皇子自ら率いる近江軍と、勝ち戦で勢いに乗る吉野軍が川の両岸に陣を張りにらみ合う。戦端が開くと両軍は激しくせめぎ合った。降るような矢の中を、敵に向かって鬼神のごとく突っ込んでいく大分君稚臣《おおきだのきみわかみ》の姿に勇気づけられた吉野軍が、近江軍を撃破。近江の都も陥落し、大友皇子は自害して果てた。

4 愛情の移り変わり

日本書紀には書かれていないが、一説によると額田王（ぬかたのおおきみ）という天才歌人である美女をはさんで、中大兄皇子と大海人皇子は激しい恋のさや当てを演じ、それから二人の中がこじれたという昼メロのような説もある。

古代最大の乱 壬申の乱の全貌

古代最大の乱といわれる壬申の乱は各地で10戦行われた。両軍合わせて6万もの軍勢を擁し、瀬田の唐橋で最終決戦を迎える。東国が加担したことで大海人皇子の勝利となったのは、長年西国に押さえつけられた不満が爆発した結果だといえる。

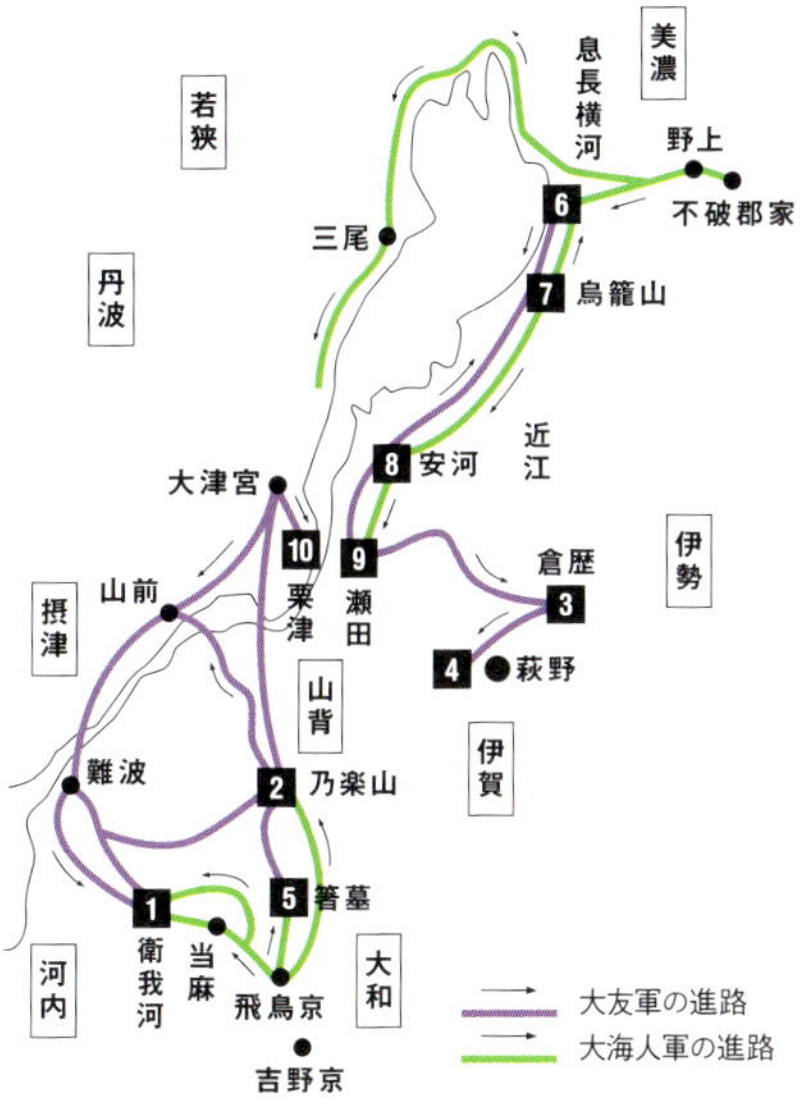

瀬田の唐橋

滋賀県大津市にあり瀬田川にかかる唯一の橋で、日本三名橋・日本三古橋のひとつでもある。壬申の乱だけでなく、源平の戦いや承九の乱などでも戦いの舞台になっおり、日本の歴史がしみ込んでいる

各地で行われた壬申の乱

1	7/2	犬上川の戦い
		○高市皇子 vs. 山部王× 山部王に率いられた近江軍は内部分裂を起こし、王も武将に殺害されてしまう
2	7/4	乃楽山の戦い
		×大伴吹負 vs. 大野果安○ 大伴吹負（おおとものふけい）が敗れ大野果安（おおののはたやす）は追撃を試みるが攻撃を警戒して撤退
3	7/5	倉歴の戦い
		×田中足麻呂 vs. 田辺小隅○ 田辺小隅（たなへのおすみ）が夜襲を仕掛け、田中足麻呂（たなかのたりまろ）は敗走
4	7/6	莿萩野の戦い
		○多品治 vs. 田辺小隅× 勢いに乗っていた田辺小隅が襲撃するも、多品治（おおのほんじ）が撃退して勝利
5	7/6	箸墓の戦い
		○大伴吹負 vs. 大野果安× 箸墓古墳付近の街道で両軍が激突。味方の置始兎（おきそめのうさぎ）の助けを受け近江朝を破る
6	7/7	息長横河の戦い
		○村国男依 vs. 近江朝軍× 村国男依（むらくにのおより）が近江朝軍の境部薬（さかいべのくすり）を斬る
7	7/9	鳥籠山の戦い
		○村国男依 vs. 近江朝軍× 2日後にまたもや村国男依が近江朝軍の秦友足（はだのともたり）を斬る
8	7/13	安河の戦い
		○村国男依 vs. 近江朝軍× 絶好調の村国男依が社戸大口（こそべのおおくち）と土師千島（はじのちしま）を捕虜にする
9	7/22	瀬田の戦い
		○村国男依 vs. 大友皇子× 決戦の時。近江朝は村国男依軍に瀬田の唐橋を渡らせなかったが、大分稚臣（おおきだのわかおみ）が突撃
10	7/23	大津京陥落
		○村国男依 vs. 大友皇子× 村国男依が犬養五十君（いぬかいのいきみ）を撃破。追いつめられた大友皇子は逃げるも自害

第4章

20

律令を定め法式を改めよう

さまざまな改革案を実行に移す天武天皇は律令編纂という大事業に取りかかるのだった。

壬申の乱で勝利を
おさめた 大海人皇子。
天武天皇
と、なりました。
これからは
血筋では
なく…
うん。
才能や功績で
出世ができる
世の中にしよう。
名字で
身分がわかる
ものをつくって
区別できると
よくない？
冠位
48階!!
KNI48!!

こういう制度ってちゃんと書類にしたたちがいいよな。
な？
ですね!!
ですです
ナイスアイデアです!!
あとで後世に歴史を伝えるために……
オレら…がんばったし…
今までの道のりを書物にまとめて残しましょうよ!!
こうして大宝律令が発案され
古事記や日本書記がつくられるキッカケとなったのでした。
じゃんっ
日本書記
古事記
大宝律令
ほほー.

解説

きちんと法整備された国家へ

政治の理念や制度をブラッシュアップ。きちんと体系化して記しておこう

天下を二分する大きな戦に勝って、天皇の地位に就いた**大海人皇子**こと**天武天皇**。彼はまず、この戦で功績のあった人々に報いるため、それぞれに地位や恩賞を与えるなどの戦後処理を行うと、さっそくさまざまな制度改革に乗り出した。彼の改革は非常にニュートラルで、現代でも通じる普遍的なものが多い。

「初めて宮仕えをするものは、まず雑務担当として仕え、その働きぶりの中から才能を見いだして適職に就かせましょう。また女性は夫の有無や年齢で差別することなく、宮仕えを希望するものは受け入れましょう。女性の選考も、一般男子の礼に準じます」

これは即位間もない頃に出された命令だが、「宮仕え」を「入社」に読み替えれば、現代の就職にも通じる。話は横道にそれるが、孝徳天皇の「大化の改新」の詔《みことのり》の第4には

「采女❶は少領❷以上の者の姉妹や子女で、容姿端麗の者を宮中に出すように」

という一文があり、こちらでは「そこそこ身分が高い美人だけしか要らないからね」と

用語解説 KEY WORDS

❶ 采女
うねめ
宮中で天皇や皇后のそばで身の回りの世話をする女官。

はっきり言っているのに比べれば、天武天皇の考え方が非常に公平であることがわかるだろう（孝徳天皇は正直と言えば正直だったのかもしれないが……）。

他にもいくつか見ていこう。

「諸国の貸税[3]は、借りに来た民の貧富の具合をよく見てからにしましょう。貧富の具合で三階級にわけ、今後は中より下の者に貸すようにします」

これは貧しい者を優遇して、収穫を増やしてやり、民全体の生活水準を上げるための政策に他ならない。

「四等官の第四位の「史」以上の役人が、公平で忠実な仕事をしているかどうか、監督する文武官はその優劣を協議して昇進すべき位階を決めるように。毎年これを一月上旬までに詳しく記入して、法官に送るように」

これは人事考査についての指示。昨年の部下の働きぶりを評価し、その理由を詳しく書いて年明けの1月10日前後までに法官の手元に届くように出すのは、なかなか大変そうだ。

「この頃乱暴で悪事を働くものが多い。これは上に立つ者の落ち度だ。そういう乱暴者がいると聞いても、面倒だからと表沙汰にせず、隠してしまって正そうとしない。これが悪事を助長するのだ。悪事を目にしたらすぐにそれを審議して事の善悪をはっきりさせれば、だんだんと悪事を働く者はなくなる。上に立つ者は下の者に誤りの責任をとらせ、下の者は上の者の粗暴な行いをきちんといさめていけば、かならず国全体がよくなるはずだ」

こうした命令を次々と出していった天武天皇は、ある日大臣らを一堂に集めて

---

2 少領《しょうりょう》
郡を治める郡司の下につく次官。国司を県知事とすれば郡司が市長、少領は副市長といったところ。

3 貸税
種籾（たねもみ）を貸し出し、収穫した稲で利息を払わせるもの。

「私は法令をきちんと定め、今までの法式を改めたいと思う。そしてこれをきちんと明文化してまとめたいのだ。だが、非常に大変な作業になると思うので、誰か一人でやることはできない。分担して取りかかってほしい」

と言い出した。この日、天武天皇は**草壁皇子**《くさかべのおうじ》を皇太子にして、政治の一切を任せることにした。この律令編纂作業には長い時間がかかり、結局天智天皇の存命中には完成を見なかった。

天武天皇が死に、その埋葬が住んだ翌年に、皇太子だった草壁皇子が死んでしまった。このため、天武天皇の后が**持統**《じとう》**天皇**として即位した。即位の前年に出した「飛鳥浄御原《あすかきよみはら》令《りょう》」に基づき、持統天皇もいろいろと律令の制定に力を尽くしている。例えば「冠位を進める年限を有位者は六年、無位者は七年とします。出勤日数によって九段階に分けて人事考査をしてください。一定年限の間の平均が九段階の四等以上であれば、考仕令[3]に照らし、勤務態度や適性、実績、能力、姓の高下を評価して官位を授けます」

といった、出世に関する規定を明らかにしている。ただ、「姓の高下」つまり生まれた家柄を評価の中に含めているのが、夫である天武天皇に比べてちょっと残念である。

彼女が手がけた大きな事業は藤原宮遷都だ。天智天皇は近江の大津宮、天武天皇は飛鳥浄御原宮と、天皇が変わるたびに遷都が行われてきたが、この持統天皇がつくった藤原宮は、その後文武・元明と平城京遷都まで三代の天皇が居住した。

持統天皇が、息子である皇太子・文武天皇に位を譲ったところで、日本書紀は終わる。

---

4 **考仕令**
こうじりょう
役人の、人事考課に関する規定を集めたもの。

桜木神社

奈良の吉野川の近くにある象（きさ）の小川のほとりに鎮座する神社。天武天皇は即位前この地で過ごし、即位後も何度か訪れていることから第二の故郷ともいえる場所だ。神社自体は崩御の後に創建された。祭神は天武天皇のほかにオオナムチ、スクナビコナ。

data　住所：奈良県吉野郡吉野町喜佐谷字トサチ426

天武天皇が打ち出した改革

年号	階級	天皇	階級制度							
603年	12階	推古天皇		大小 徳《とく》	大小 仁《じん》	大小 礼《れい》	大小 信《しん》	大小 義《ぎ》	大小 智《ち》	
647年	13階	孝徳天皇	大小 職《しょく》 大小 繍《しゅう》 大小 紫《し》	大 錦《きん》	小 錦《きん》	大 青《しょう》	小 青《しょう》	小 黒《こく》	小 黒《こく》	建武《けんむ》
649年	19階		大小 繍《しゅう》 大小 紫《し》 大小 紫《し》	大花《か》 上下	小花《か》 上下	大山《せん》 上下	小山《せん》 上下	大乙《おつ》 上下	小乙《おつ》 上下	立身《りゅうしん》
664年	26階	中大兄称制	大小 職《しょく》 大小 紫《し》 大小 縫《ぶう》	小乙 上中下	小乙 上中下	小乙 上中下	小乙 上中下	小乙 上中下	小乙 上中下	大小 建《こん》
685年	48階	天武天皇	8階級 正《しょう》	8階級 直《じき》		8階級 勤《ごん》	8階級 務《む》	8階級 追《つい》	8階級 進《しん》	

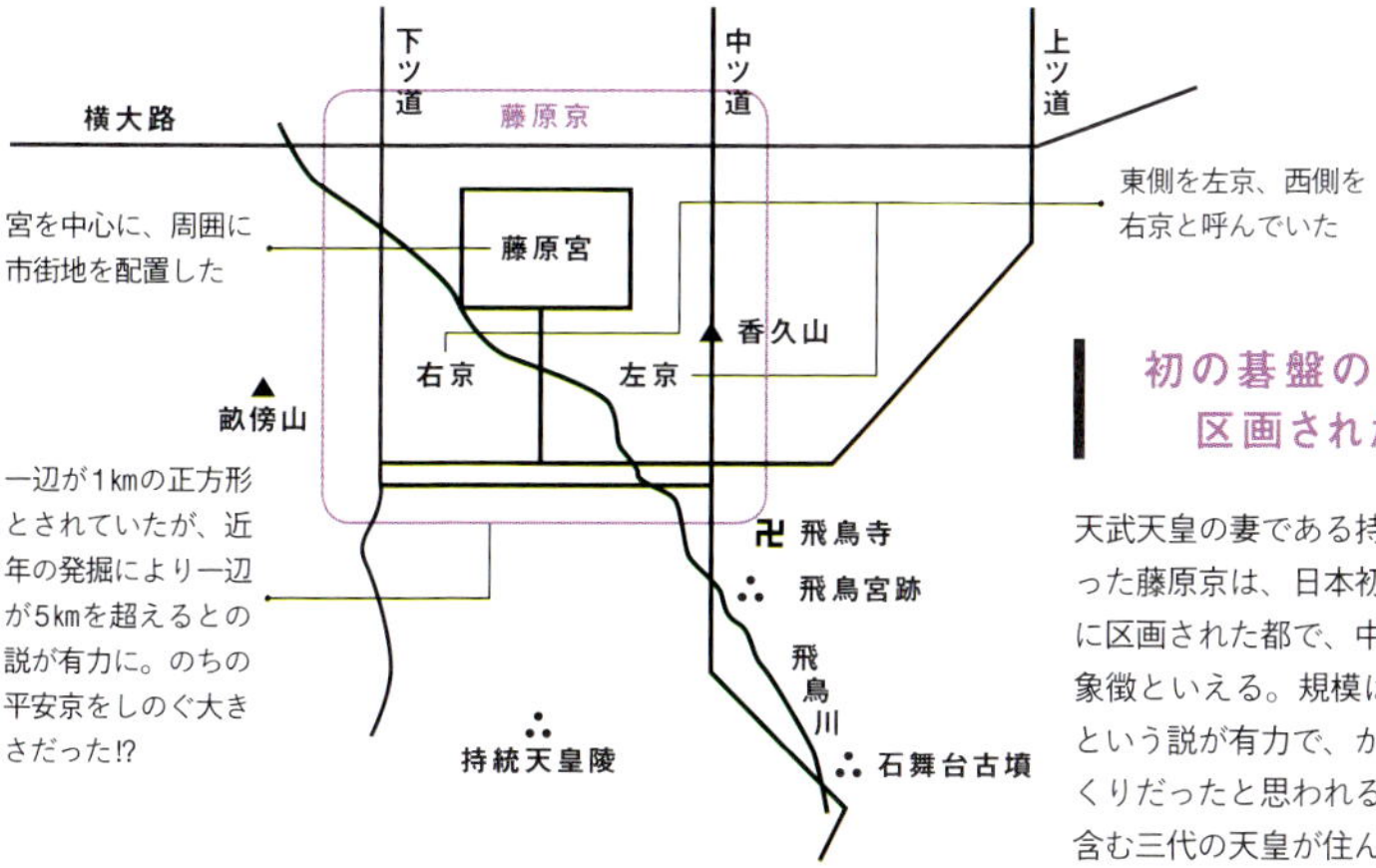

初の碁盤の目状に区画された都

天武天皇の妻である持統天皇がつくった藤原京は、日本初の碁盤の目状に区画された都で、中央集権国家の象徴といえる。規模は約5.3km四方という説が有力で、かなり巨大なつくりだったと思われる。持統天皇を含む三代の天皇が住んでいた。

主な登場人物のことをもっと知ろう 03

第3章では、新しい時代を開いた人物が多く登場。個性的なキャラに注目だ。

政治を思うままに操ろうと画策

▶ 蘇我蝦夷

蘇我氏の血を天皇家へ……と思惑していた父・馬子の意志を継いだのが蘇我蝦夷だ。息子と共に政治を思うがままに操ろうとお飾り天皇を据えるなど、やりたい放題。

父に習えと暴走する息子

▶ 蘇我入鹿

蘇我蝦夷の子で、父と共に蘇我氏の政治権力を強めていく。しかし、暴走して天皇継承者を殺害するなど、父親もびっくりのやりすぎ行為に、身を滅ぼす結果に。

正義の味方？それとも敵？

▶ 中大兄皇子

すでに前述しているが、新しい時代の幕開けを担った人物。しかし気に入らない者はバサバサと葬っていく冷酷な性格も併せもつ。油断できない人物といえるだろう。

藤原氏繁栄の礎を築いた張本人

中臣鎌足

大化の改新後、中大兄皇子の腹心として活躍。藤原氏の始祖であり、「藤原氏の祖」として指す場合は、「藤原鎌足」を用いる。中国の史書に関心をもち、勉強熱心で秀才とされている。

実は造営事業が好きなんです

斉明天皇

第37代天皇。政務は中大兄皇子に任せ、自分は水路を掘らせたり、石垣で石の丘をつくるなど造営事業に励んでいた。日本書紀に「興事を好む」とあり、度が過ぎるものだったよう。

次々と湧き出るアイデアの泉の持ち主

天武天皇

第40代天皇。現代にも通じる制度改革を打ち出す柔軟な発想の持ち主。日本を国号にした初の天皇ともいわれる。実は日本書紀に出生年の記載がなく、いまだに解明されていない。

日本書紀を知りたい

2013年 6 月30日　第一版第一刷発行
2014年10月10日　第一版第二刷発行

発行人　角 謙二
編集人　高橋俊宏
編集　松本めぐみ
(Discover Japan編集部)
文　成田美友・湊屋一子
漫画　小迎裕美子
イラスト　アライマリヤ
発行・発売　株式会社枻(えい)出版社
〒158-0096　東京都世田谷区玉川台2-13-2
販売部　03-3708-5181
印刷・製本　大日本印刷株式会社

デザイン　ピークス株式会社

ISBN978-4-7779-2687-9
定価はカバーに表示してあります。
万一、落丁・乱丁の場合は、お取り替え致します。

for tasty life
枻《えい》出版社